ROGÉRIO COELHO

O fenômeno mediúnico

O que é,
Como funciona,
Como identificá-lo,
Como lidar com ele?

MYTHOS BOOKS

Título da Obra
O FENÔMENO MEDIÚNICO
O QUE É, COMO FUNCIONA, COMO IDENTIFICÁ-LO E COMO LIDAR COM ELE
Autor
ROGÉRIO COELHO

Projeto Gráfico e Diagramação
FLAVIO F. SOARES
Design de Capa
ALTAIR SAMPAIIO
Revisão
LETÍCIA IPPOLITO
Distribuição e Clubes do Livro
ADRIANA FERREIRA SILVA COSTA
adriana@mythoseditora.com.br
Este livro foi impresso na Edelbra Gráfica e Editora Ltda.
Mythos Editora Ltda.
Av. Diógenes Ribeiro de Lima, 753 — São Paulo — SP — CEP: 05458-001
Tel.: (11) 3024-6600
www.mythoseditora.com.br

Dados Internacionais de Catalogação na Publicação (CIP)
(Câmara Brasileira do Livro, SP, Brasil)

Coelho, Rogério
O fenômeno mediúnico : o que é, como funciona, como identificá-lo e como lidar com ele / Rogério Coelho. -- São Paulo : Mythos Editora, 2011.

ISBN 978-85-7867-066-5

1. Espiritismo 2. Mediunidade 3. Médiuns 4. Perguntas e respostas 5. Psicografia I. Título.

11-06978 CDD-133.91

Índices para catálogo sistemático:

1. Mediunidade : Espiritismo 133.91

"O Espiritismo é a ciência nova que vem revelar aos homens, por meio de provas irrecusáveis, a existência e a natureza do mundo espiritual e as suas relações com o mundo corpóreo. Ele no-lo mostra, não mais como coisa sobrenatural, porém, ao contrário, como uma das forças vivas e sem cessar atuantes da Natureza, como a fonte de uma imensidade de fenômenos até hoje incompreendidos e, por isso, relegados para o domínio do fantástico e do maravilhoso. É a essas relações que o Cristo alude em muitas circunstâncias, e daí vem que muito do que Ele disse permaneceu ininteligível ou falsamente interpretado. O Espiritismo é a chave com o auxílio da qual tudo se explica de modo fácil."

- Allan Kardec (*O Evangelho Segundo o Espiritismo,* 121. ed. Rio: FEB, 2003, cap. I).

"A Parapsicologia nas Universidades e o estudo dos mecanismos do cérebro e do sonho, do magnetismo e do pensamento nas instituições ligadas à Psiquiatria e às ciências mentais, embora dirigidos noutros rumos, chegarão igualmente à verdade, mas, antes que se integrem conscientemente no plano da redenção humana, burilemos, por nossa vez, a mediunidade, à luz da Doutrina Espírita, que revive a Doutrina de Jesus, no reconhecimento de que não basta a observação dos fatos em si, mas também que se fazem indispensáveis a disciplina e a iluminação dos ingredientes morais que os constituem, a fim de que se tornem fatores de aprimoramento e felicidade, a benefício da criatura em trânsito para a realidade maior."

- André Luiz (*Mecanismos da Mediunidade,* 4. Ed. Rio [de Janeiro]: FEB, 1973, p. 20).

Esta obra é uma singela
homenagem ao sesquicentenário de

O Livro dos Médiuns

(1861-2011)

SUMÁRIO

PREFÁCIO

Os fenômenos espíritas vêm hoje lançar uma luz toda nova sobre certos efeitos relegados, até então, ao domínio fantástico do maravilhoso, e permitindo-nos saber o que é possível e o que é impossível.

Primeiramente, o que é o maravilhoso? O ceticismo responde: é tudo o que, estando fora das leis da Natureza, é impossível; depois, acrescenta: se os relatos antigos são férteis em fatos desse gênero, isso se prende ao amor do homem pelo maravilhoso. Mas de onde vem esse amor? É o que ele não diz, e é o que vamos tentar explicar.

O que o homem chama de maravilhoso o transporta pelo pensamento além dos limites do conhecido, e é aspiração íntima para uma ordem de coisas melhores.

Essa aspiração vem da intuição que ele tem de que certa ordem de coisas deve existir. Não a encontrando sobre a Terra, procura-a na esfera do desconhecido. Mas essa própria aspiração não é indício providencial de que há alguma coisa além da vida corpórea? O homem compreende intuitivamente que há fora do mundo visível um poder do qual se faz uma ideia mais ou menos justa, segundo o desenvolvimento de sua inteligência, e muito naturalmente vê a ação *direta* desse poder em todos os fenômenos que ele não compreende. Inúmeros fatos, hoje perfeitamente explicados e já situados no domínio das leis naturais, passavam outrora por maravilhosos. Disso resulta que todos os homens que possuem faculdades ou conhecimentos superiores ao vulgo passam por ter uma porção desse poder invisível, ou ter dele seu poder; foram chamados mágicos ou feiticeiros. A opinião da Igreja, tendo feito prevalecer que esse poder não podia provir senão do Espírito do mau; quando se exercia fora de seu seio, nos tempos de barbárie e de ignorância, queimavam-se os pretensos mágicos ou feiticeiros.

Alguns críticos argumentam: “Onde encontrais mais relatos maravilhosos? Não é na Antiguidade, nos povos selvagens, nas classes menos esclarecidas? Não é uma prova de que são o produto da superstição, filha da ignorância?!”

Da ignorância, é incontestável, e isto por uma razão muito simples: os antigos, que sabiam menos do que nós, não eram menos tocados pelos mesmos fenômenos; conhecendo menos causas verdadeiras, procuravam as causas sobrenaturais para as coisas mais naturais, e, com a ajuda da imaginação, secundada pelo medo de um lado, do outro pelo gênio poético, aumentavam acima dos contos fantásticos amplificados pelo gosto da alegoria particular aos povos do Oriente.

Prometeu, arrancando o fogo do céu que o consumia, devia passar por um ser sobre-humano punido por sua temeridade, por ter impiedade sobre os direitos de Júpiter; Franklin, o Prometeu moderno, é para nós simplesmente um sábio.

Tendo a ciência feito reentrar uma multidão de fatos na ordem natural, reduziu muito os fatos maravilhosos. Mas explicou tudo? Conhece todas as leis que regem os mundos? Não tem nada mais a aprender? Cada dia surge um desmentido essa orgulhosa pretensão!

Não tendo, pois, pesquisado todos os segredos de Deus, disso resulta que muitos fatos antigos estão ainda inexplicados; ora, não admitindo como possível o que ela não compreende, acha mais simples chamá-los maravilhosos, fantásticos, quer dizer, inadmissíveis para a razão; aos seus olhos, todos os homens que se considera tê-los produzido são impostores.

A lei de gravitação universal abriu um novo caminho para a ciência, e deu conta de uma multidão de fenômenos sobre os quais se construíram teorias absurdas; a lei das afinidades moleculares veio lhe dar um novo passo; a descoberta de um mundo microscópico abriu-lhe novos horizontes; a eletricidade, a seu turno, veio revelar-lhe uma nova força que ela não supunha; a cada uma dessas descobertas, viram-se resolver muitas dificuldades, muitos problemas, muitos mistérios incompreendidos ou falsamente interpretados; mas quantas coisas restam ainda a esclarecer? Não se pode admitir a descoberta de uma nova lei, de uma nova força vindo lançar luz sobre os pontos ainda obscuros? Pois bem! É uma nova força que o Espiritismo vem revelar, e essa força é a ação do mundo invisível sobre o mundo visível. Mostrando nessa ação uma lei natural, recua ainda os limites do maravilhoso e do sobrenatural, porque explica uma infinidade de coisas que pareciam inexplicáveis, como outras pareciam inexplicáveis antes da descoberta da eletricidade.

O Espiritismo limita-se a admitir o mundo invisível como hipótese e como meio de explicação? Não, porque isso seria explicar o desconhecido pelo desconhecido. Ele prova a sua existência por fatos patentes, irrecusáveis, como o microscópio provou a existência do mundo dos infinitamente pequenos.

Estando, pois, demonstrado que o mundo invisível nos rodeia, que esse mundo é essencialmente inteligente, uma vez que se compõe das almas dos homens que viveram, concebe-se facilmente que ele possa desempenhar um papel ativo no mundo visível, e produzir fenômenos de uma ordem particular. São esses fenômenos que a ciência, não podendo explicar pelas leis conhecidas, chama de maravilhosos.

Esses fenômenos, sendo uma lei da Natureza, se produziram em todos os tempos; ora, como repousa sobre a ação de uma força fora da Humanidade, e que todas as religiões têm por princípio a homenagem prestada a essa força, eles serviram de base a todas as religiões; eis porque nos relatos antigos, do mesmo modo que todas as teogonias formigam alusões e alegorias concernentes às relações do mundo invisível com o mundo visível e que são ininteligíveis se não se conhecem essas relações; querer explicá-las sem isso, é querer explicar os fenômenos elétricos sem a eletricidade. Esta lei é a chave que vai abrir a maioria dos santuários misteriosos da Antiguidade; uma vez reconhecida, os historiadores, os arqueólogos, os filósofos verão desenrolar-se, diante deles, um horizonte inteiramente novo, e a luz se fará sobre os pontos mais obscuros.

Se essa lei ainda encontra oposição, ela tem isso de comum com tudo que é novo; isso se prende, ademais, ao Espírito materialista que domina nossa época e, em segundo lugar, porque se faz do mundo invisível uma ideia de tal modo falsa que a incredulidade lhe é a consequência.

O Espiritismo não só demonstra a existência do mundo espiritual, mas apresenta-o sob um aspecto de tal modo lógico que a dúvida não tem mais razão de ser naquele que se dá ao trabalho de estudá-lo conscienciosamente.

- Allan Kardec (*Revue Spirite. Outubro de 1862,* Araras: IDE, 1993. p.p. 291-294).

INTRODUÇÃO

Em sã consciência, ninguém mais pode negar os fenômenos paranormais... Eles acontecem hoje — abundantemente — como sempre aconteceram em toda a história da Humanidade. Daí escrever Allan Kardec, nos tomos VII a IX da introdução de *O Livro dos Espíritos*:

"(...) O movimento dos objetos é um fato incontestável. A questão está em saber se, nesse movimento, há ou não uma manifestação inteligente e, em caso de afirmativa, qual a origem dessa manifestação.

Não falamos do movimento inteligente de certos objetos, nem das comunicações verbais, nem das que o médium escreve diretamente. Este gênero de manifestações, evidente para os que viram e aprofundaram o assunto, não se mostra — à primeira vista — bastante independente da vontade, para firmar a convicção de um observador novato. Não trataremos, portanto, senão da escrita obtida com o auxílio de um objeto qualquer munido de um lápis, como cesta, prancheta, etc. A maneira pela qual os dedos do médium repousam sobre os objetos desafia a mais consumada destreza de sua parte no intervir, de qualquer modo, no traçar das letras.

Mas, admitamos que a alguém, dotado de maravilhosa habilidade, seja isso possível, e que esse alguém consiga iludir o olhar do observador; como explicar a natureza das respostas, quando se apresentam fora do quadro das ideias e conhecimentos do médium? E note-se que não se trata de respostas monossilábicas, porém, muitas vezes, de numerosas páginas escritas com admirável rapidez, quer espontaneamente, quer sobre determinado assunto.

De sob os dedos do médium menos versado em literatura surgem de quando em quando poesias de impecáveis sublimidade e pureza, que os melhores poetas humanos não se dedignariam de subscrever. O que ainda torna mais estranhos esses fatos é que ocorrem por toda parte, e que os médiuns se multiplicam ao infinito. São eles reais ou não? Para esta pergunta, só temos uma resposta: vede e observai; não vos faltarão ocasiões de fazê-lo; mas, sobretudo, observai repetidamente, por longo tempo e de acordo com as condições exigidas. Que respondem a essa evidência os antagonistas?

— *Sois vítimas do charlatanismo ou joguete de uma ilusão!*

— Diremos, primeiramente, que a palavra charlatanismo não cabe onde não há proveito. Os charlatães não fazem grátis o seu ofício. Seria, quando muito, uma mistificação. Mas, por que singular coincidência esses mistificadores se achariam acordes, de um extremo a outro do mundo, para proceder do mesmo modo, produzir os mesmos efeitos e dar, sobre os mesmos assuntos e em línguas diversas, respostas idênticas, se não quanto à forma, pelo menos quanto ao sentido? Como compreender-se que pessoas austeras, honradas, instruídas se prestassem a tais manejos? E com que fim? Como achar em crianças a paciência e a habilidade necessárias a tais resultados? Porque, se os médiuns não são instrumentos passivos, indispensáveis se lhes fazem habilidade e conhecimentos incompatíveis com a idade infantil e com certas posições sociais.

Dizem então que, se não há fraude, pode haver ilusão de ambos os lados. Em boa lógica, a qualidade das testemunhas é de alguma importância. Ora, é aqui o caso de perguntarmos se a Doutrina Espírita, que já conta milhões de adeptos, só os recruta entre os ignorantes. Os fenômenos em que ela se baseia são tão extraordinários que concebemos a existência da dúvida. O que, porém, não podemos admitir é a pretensão de alguns incrédulos, a de terem o monopólio do bom senso e que, sem guardarem as conveniências e respeitarem o valor moral de seus adversários, tachem, com desplante, de ineptos os que lhes não seguem o parecer.

(...) Para muita gente, a oposição das corporações científicas constitui, senão uma prova, pelo menos forte presunção contra o que quer que seja. Não somos dos que se insurgem contra os sábios, pois não queremos dar azo a que de nós digam que escouceamos. Temo-los, ao contrário, em grande apreço e muito honrados nos julgaríamos se fôssemos contados entre eles. Suas opiniões, porém, não podem representar, em todas as circunstâncias, uma sentença irrevogável.

Desde que a Ciência sai da observação material dos fatos, em se tratando de apreciá-los e explicar, o campo está aberto às conjeturas. Cada um arquiteta o seu sistemazinho, disposto a sustentá-lo com fervor, para fazê-lo prevalecer.

(...) As ciências ordinárias assentam nas propriedades da matéria, que se pode experimentar e manipular livremente; os fenômenos espíritas repousam na ação de inteligências dotadas de vontade própria e que nos provam a cada instante não se acharem subordinadas aos nossos caprichos. As observações não podem, portanto, ser feitas da mesma forma; requerem condições especiais e outro ponto de partida. Querer submetê-las aos processos comuns de investigação é estabelecer analogias que não existem. A Ciência propriamente dita é, pois, como ciência, incompetente para se pronunciar na questão do Espiritismo: não tem que se ocupar com isso e qualquer que seja o seu julgamento, favorável ou não, nenhum peso poderá ter. O Espiritismo é o resultado de uma convicção pessoal, que os sábios, como indivíduos, podem adquirir, abstração feita da qualidade de sábios. Pretender deferir a questão à Ciência equivaleria a querer que a existência ou não da alma fosse decidida por uma assembleia de físicos ou de astrônomos. Com efeito, o Espiritismo está todo na existência da alma e no seu estado depois da morte.

(...) Quando as crenças espíritas forem aceitas pelas massas humanas (e, a julgar pela rapidez com que se propagam, esse tempo não vem longe), com elas se dará o que tem acontecido a todas as ideias novas que hão encontrado oposição: os sábios se renderão à evidência. Lá chegarão, individualmente, pela força das coisas. Até então será intempestivo desviá-los de seus trabalhos especiais, para obrigá-los a se ocuparem com um assunto estranho, que não lhes está nem nas atribuições, nem no programa.

Enquanto isso não se verifica, os que, sem estudo prévio e aprofundado da matéria, se pronunciam pela negativa e escarnecem de quem não lhes subscreve o conceito, esquecem que o mesmo se deu com a maior parte das grandes descobertas que fazem honra à Humanidade. Expõem-se a ver seus nomes alongando a lista dos ilustres proscritores das ideias novas e inscritos a par dos membros da douta assembleia que, em 1752, acolheu com retumbante gargalhada a memória de Franklin sobre os para-raios, julgando-a indigna de figurar entre as comunicações que lhe eram dirigidas; e dos daquela outra que ocasionou perder a França as vantagens da iniciativa da marinha a vapor, declarando o sistema de Fulton um sonho irrealizável. Entretanto, essas eram questões da alçada daquelas corporações. Ora, se tais assembleias, que contavam em seu seio a nata dos sábios do mundo, só tiveram a zombaria e o sarcasmo para ideias que elas não percebiam, ideias que, alguns anos mais tarde, revolucionaram a ciência, os costumes e a indústria, como esperar que uma questão, alheia aos trabalhos que lhes são habituais, alcance hoje das suas congêneres melhor acolhimento?

(...) Dignem-se de lançar os olhos para os adeptos da Doutrina Espírita e digam se só com ignorantes deparam e se a imensa legião de homens de mérito que a têm abraçado autoriza seja ela atirada ao rol das crendices de simplórios. O caráter e o saber desses homens dão peso a esta proposição: pois que eles afirmam, forçoso é reconhecer que alguma coisa há.

O homem que julga infalível a sua razão está bem perto do erro.

(...) O que se chama razão não é muitas vezes senão orgulho disfarçado, e quem quer que se considere infalível apresenta-se como igual a Deus. Dirigimo-nos, pois, aos ponderados, que duvidam do que não viram, mas que, julgando do futuro pelo passado, não creem que o homem haja chegado ao apogeu, nem que a Natureza lhe tenha facultado ler a última página do seu livro.

Acrescentemos que o estudo de uma doutrina, qual a Doutrina Espírita, que nos lança de súbito numa ordem de coisas tão nova quão grande, só pode ser feito com utilidade por homens sérios, perseverantes, livres de prevenções e animados de firme e sincera vontade de chegar a um resultado. Não sabemos como dar esses qualificativos aos que julgam a priori, levianamente, sem tudo ter visto; que não imprimem a seus estudos a continuidade, a regularidade e o recolhimento indispensáveis.

(...) O que caracteriza um estudo sério é a continuidade que se lhe dá. Será de admirar que muitas vezes não se obtenha nenhuma resposta sensata a questões de si mesmas graves, quando propostas ao acaso e à queima-roupa, em meio de uma aluvião de outras extravagantes?

Quem deseje tornar-se versado numa ciência tem que estudá-la metodicamente, começando pelo princípio e acompanhando o encadeamento e o desenvolvimento das ideias. Que adiantará aquele que, ao acaso, dirigir a um sábio perguntas acerca de uma ciência cujas primeiras palavras ignore? Poderá o próprio sábio, por maior que seja a sua boa-vontade, dar-lhe resposta satisfatória? A resposta isolada que der será forçosamente incompleta e quase sempre, por isso mesmo, ininteligível, ou parecerá absurda e contraditória. O mesmo ocorre em nossas relações com os Espíritos: quem quiser com eles instruir-se tem que com eles fazer um curso; mas, exatamente como se procede entre nós, deverá escolher seus professores e trabalhar com assiduidade..."

* * *

Assim, com essas ponderações do nobre Codificador da Doutrina Espírita, não fica difícil deduzir que, embora os fenômenos paranormais tenham lá sua total independência de credo, cor, raça, tempo e espaço, não pertencendo, portanto, a quem quer que seja, não existe nenhuma religião ou filosofia que tenha — em todos os tempos — oferecido explicações tão claras, lógicas e insofismáveis para eles quanto as informações legadas pelo Espiritismo onde são estudados em seus mínimos detalhes, bem como a dinâmica em que se mostram.

Procuramos reunir neste livro os aportes doutrinários e o pensamento de vários estudiosos encarnados e desencarnados, acerca das questões relativas aos fenômenos psíquicos. Evidente que não se trata de uma obra de fôlego, e muitas outras existem que tratam do tema com mais engenho e arte que me faltam, mas, sem embargo, deixo-a ao exame dos leitores, confiante de que, de uma ou de outra forma, sintam-se emulados a ampliar seus conhecimentos nas questões do Espírito Imortal e suas superlativas potencialidades.

- Rogério Coelho

SÍNTESE DO ASSUNTO

Fenômenos alheios às leis da ciência humana se dão por toda parte, revelando, na causa que os produz, a ação de uma vontade livre e inteligente.

A razão diz que um efeito inteligente há de ter como causa uma força inteligente, e os fatos hão provado que essa força é capaz de entrar em comunicação com os homens por meio de sinais materiais.

Interrogada acerca da sua natureza, essa força declarou pertencer ao mundo dos seres espirituais que se despojaram do invólucro corporal do homem. Assim é que foi revelada a Doutrina dos Espíritos.

As comunicações entre o mundo espírita e o mundo corpóreo estão na ordem natural das coisas, e não constituem fato sobrenatural, tanto que de tais comunicações se acham vestígios entre todos os povos e em todas as épocas. Hoje se generalizaram e tornaram patentes a todos.

Variando de nomenclatura, a *Bíblia* chamava os intermediários dos Espíritos de profetas; enquanto, na Índia, eles eram tidos como *pitris*; no Japão, *Kamis*; na Pérsia, *ferouers*; os hebreus chamavam-nos *elohins*, os gregos, *manes* e os romanos, *penates*.

Os Espíritos anunciam que chegaram os tempos marcados pela Providência para uma manifestação universal e que, sendo eles os ministros de Deus e os agentes de Sua vontade, têm por missão instruir e esclarecer os homens, abrindo uma nova era para a regeneração da Humanidade.

A mediunidade atinge a sua culminância máxima com Jesus, nas diversas manifestações narradas no Novo Testamento.

Segundo André Luiz[1], "(...) a prática da mediunidade não está somente na passagem do Mestre entre os homens, junto dos quais, a cada hora, revela o Seu intercâmbio constante com o Plano Superior, seja em colóquio com os Emissários de alta estirpe, seja em Se dirigindo aos aflitos desencarnados, no socorro aos obsessos do caminho, mas também na equipe dos companheiros, aos quais Se apresenta em pessoa, depois da morte, ministrando instruções para o edifício do Evangelho nascente.

A proibição de evocar os mortos feita por Moisés, com vistas a evitar os abusos então vigentes, foi revogada por ele mesmo quando, no Monte Tabor dialoga com Jesus e Elias sob as vistas espantadas de Pedro, João e Tiago. Estava, assim, inaugurada a Era da Mediunidade!..."

---

1 - XAVIER, F. Cândido. *Mecanismos da Mediunidade.* 4. Ed.Rio: FEB, 1973, cap. 26.

1
DO MARAVILHOSO E DO SOBRENATURAL

Os fenômenos mediúnicos são de todos os tempos. A *Bíblia* é um rico mostruário desses fatos transcendentais tanto no Velho quanto no Novo Testamento, a iniciar pela recepção dos Dez Mandamentos por Moisés, o grande líder e libertador do povo hebreu. Isso não é de surpreender, uma vez que desde que existiram Espíritos encarnados e desencarnados, a comunicação entre eles também sempre existiu. O que estava faltando era reunir em um corpo de doutrina toda essa fenomenologia esparzida pela História da Humanidade. Foi o que fez Allan Kardec, ao lançar em Paris, França, no dia 18 de abril de 1857, a primeira edição de *O Livro dos Espíritos*, oferecendo uma explicação lógica, científica, imbatível de tudo isso...

Segundo Allan Kardec[2], o nobre Codificador da Doutrina Espírita:

"(...) Se a crença nos Espíritos e nas suas manifestações representasse uma concepção singular, fosse produto de um sistema, poderia, com visos de razão, merecer a suspeita de ilusória. Digam-nos, porém, por que com ela deparamos tão vivaz entre todos os povos, antigos e modernos, e nos livros santos de todas as religiões conhecidas? É, respondem os críticos, porque, desde todos os tempos, o homem teve o gosto do maravilhoso. — Mas, que entendeis por maravilhoso? — O que é sobrenatural. — Que entendeis por sobrenatural? — O que é contrário às leis da Natureza. — Conheceis, porventura, tão bem essas leis, que possais marcar limite ao poder de Deus? Pois bem! Provai então que a existência dos Espíritos e suas manifestações são contrárias às leis da Natureza; que não é, nem pode ser uma destas leis. Acompanhai a Doutrina Espírita e

---

2 - KARDEC, Allan. *O Livro dos Médiuns*. 71. ed. Rio: FEB, 2003, 1ª parte, cap. II.

vede se todos os elos, ligados uniformemente à cadeia, não apresentam todos os caracteres de uma lei admirável, que resolve tudo o que as filosofias até agora não puderam resolver.

O pensamento é um dos atributos do Espírito; a possibilidade, que eles têm, de atuar sobre a matéria, de nos impressionar os sentidos e, por conseguinte, de nos transmitir seus pensamentos, resulta, se assim nos podemos exprimir, da constituição fisiológica que lhes é própria. Logo, nada há de sobrenatural neste fato, nem de maravilhoso. Tornar um homem a viver depois de morto, reunirem-se seus membros dispersos para lhe formarem de novo o corpo, sim, seria maravilhoso, sobrenatural, fantástico... Haveria aí uma verdadeira derrogação da lei, o que somente por um milagre poderia Deus praticar. Coisa alguma, porém, de semelhante há na Doutrina Espírita.

Entretanto, objetarão, admitis que um Espírito pode suspender uma mesa e mantê-la no espaço sem ponto de apoio. Não constitui isto um a derrogação da lei de gravidade? — Constitui, mas da lei conhecida; porém, já a Natureza disse a sua última palavra? Antes que se houvesse experimentado a força ascensional de certos gases, quem diria que uma máquina pesada, carregando muitos homens, fosse capaz de triunfar da força de atração? Aos olhos do vulgo, tal coisa não pareceria maravilhosa, diabólica?! Por louco houvera passado aquele que, há um século, se tivesse proposto a transmitir um telegrama a 500 léguas de distância e a receber a resposta, alguns minutos depois. Se o fizesse, toda gente creria ter ele o diabo às suas ordens, pois que, àquela época, só ao diabo era possível andar tão depressa. Porque, então, um fluido desconhecido não poderia, em dadas circunstâncias, ter a propriedade de contrabalançar o efeito da gravidade, como o hidrogênio contrabalança o peso do balão? Notemos, de passagem, que não fazemos uma assimilação, mas apenas uma comparação, e unicamente para mostrar, por analogia, que o fato não é fisicamente impossível.

Ora, foi exatamente por quererem, ao observar estas espécies de fenômenos, proceder por assimilação que os sábios se transviaram.

Em suma, o fato aí está. Não há, nem haverá, negação que possa fazer não seja ele real, porquanto negar não é provar. Para nós, não há coisa alguma sobrenatural. É tudo o que, por agora, podemos dizer...

Se o fato ficar comprovado, dirão, aceitá-lo-emos; aceitaríamos mesmo a causa a que o atribuís, a de um fluido desconhecido. Mas quem nos prova a intervenção dos Espíritos? Aí é que está o maravilhoso, o sobrenatural!

Ora, todo efeito inteligente há de ter uma causa inteligente e, do ponto de vista prático, na observação de que, tendo os fenômenos ditos espíritas dado provas de inteligência, fora da matéria havia de estar a causa que os produzia e de que, não sendo essa inteligência a dos assistentes — o que a experiência atesta — havia de lhes ser exterior. Pois que não se via o ser que atuava, necessariamente era um ser invisível.

Assim foi que, de observação em observação, se chegou ao reconhecimento de que esse ser invisível, a que deram o nome de Espírito, não é senão a alma dos que viveram corporalmente, aos quais a morte arrebatou o grosseiro invólucro visível, deixando-lhes apenas um envoltório etéreo, invisível no seu estado normal. Eis, pois, o maravilhoso e o sobrenatural reduzidos à sua mais simples expressão.

Uma vez comprovada a existência de seres invisíveis, a ação deles sobre a matéria resulta da natureza do envoltório fluídico que os reveste. É inteligente essa ação, porque, ao morrerem, eles perderam tão somente o corpo físico, conservando a inteligência que lhes constitui a essência mesma. Aí está a chave de todos esses fenômenos tidos erradamente por sobrenaturais. A existência dos Espíritos não é, portanto, um sistema preconcebido, ou uma hipótese imaginada para explicar os fatos: é o resultado de observações e consequência natural da existência da alma. Negar essa causa é negar a alma e seus atributos. Dignem-se de apresentá-la os que pensem em poder dar desses efeitos inteligentes uma explicação mais racional e, sobretudo, de apontar a causa de todos os fatos, e então será possível discutir-se o mérito de cada uma.

Para os que consideram a matéria a única potência da Natureza, tudo o que não pode ser explicado pelas leis da matéria é maravilhoso, ou sobrenatural, e, para eles, maravilhoso é sinônimo de superstição. Se assim fosse, a religião, que se baseia na existência de um princípio imaterial, seria um tecido de superstições. (...) Ora, uma de duas, ou o princípio religioso é verdadeiro, ou falso. Se é verdadeiro, ele o é para toda gente, se falso, não tem maior valor para os ignorantes do que para os instruídos.

Os que atacam o Espiritismo, em nome do maravilhoso, se apoiam geralmente no princípio materialista, porquanto, negando qualquer efeito extramaterial, negam a existência da alma.

Lançando à conta do maravilhoso tudo o que decorre da existência da alma, são, pois, consequentes consigo mesmos: não admitindo a causa, não podem admitir os efeitos. Daí, entre eles, uma opinião preconcebida, que os torna impróprios para julgar lisamente do Espiritismo, visto que o princípio donde partem é o da negação de tudo o que não seja material.

Quanto a nós, dar-se-á que aceitemos todos os fatos qualificados de maravilhosos, pela simples razão de admitirmos os efeitos que são a consequência da existência da alma? Dar-se-á que sejamos campeões de todos os sonhadores, adeptos de todas as utopias, de todas as excentricidades sistemáticas? Quem o supuser, demonstrará bem minguado conhecimento da Doutrina Espírita.

Terão os adeptos do Espiritismo negado que o charlatanismo há explorado, em proveito próprio, alguns fatos? Que outros sejam frutos da imaginação? Que muitos tenham sido exagerados pelo fanatismo? Tão solidário é ele com as extravagâncias que se cometam em seu nome, quanto a verdadeira ciência com os abusos da ignorância, ou a verdadeira religião com os excessos do sectarismo. Muitos críticos se limitam a julgar do Espiritismo pelos contos de fadas e pelas lendas populares. Ora, o mesmo fora julgar da História pelos romances históricos, ou pelas tragédias.

Em lógica elementar, para se discutir uma coisa, preciso se faz conhecê-la. (...) A legítima crítica deve demonstrar não só erudição, mas também profundo conhecimento do objeto que versa, juízo reto e imparcialidade a toda prova.

O Espiritismo não aceita todos os fatos considerados maravilhosos, ou sobrenaturais. Longe disso, demonstra a impossibilidade de grande número deles e o ridículo de certas crenças, que constituem a superstição propriamente dita.

É exato que, no que ele admite, há coisas que, para os incrédulos, são puramente do domínio do maravilhoso, ou por outra, da superstição. Porém, até onde vai a crença do Espiritismo? Perguntarão. Lede, observai e sabê-lo-eis... Só com o tempo e o estudo se adquire o conhecimento de qualquer ciência. Ora, o Espiritismo, que entende com as mais graves questões de filosofia, com todos os ramos da ordem social, que abrange tanto o homem físico quanto o homem moral, é, em si mesmo, uma ciência, uma filosofia, que já não podem ser aprendidas em algumas horas, como nenhuma outra Ciência.

(...) Dirão eles com certeza que não lhes sobram lazeres para consagrarem a tais estudos todo o tempo que reclamam. Está bem; nada a isso os constrange. Mas quem não tem tempo de aprender uma coisa não se mete a discorrer sobre ela e, ainda menos, a julgá-la, se não quiser que o acoimem de leviano.

(...) O Espiritismo não pode considerar crítico sério, senão aquele que tudo tenha visto, estudado e aprofundado com a paciência e a perseverança de um observador consciencioso; que do assunto saiba tanto quanto qualquer adepto instruído; que haja, por conseguinte, haurido seus conhecimentos algures, que não nos romances da ciência; aquele a quem não se possa opor fato algum que lhe seja desconhecido, nenhum argumento de que já não tenha cogitado e cuja refutação faça, não por mera negação, mas por meio de outros argumentos mais peremptórios; aquele, finalmente, que possa indicar, para os fatos averiguados, causa mais lógica do que a que lhes aponta o Espiritismo. Tal crítico ainda está por aparecer."

2
O FENÔMENO ESPÍRITA
Emmanuel[3]

Em todas as civilizações, o culto dos desencarnados aparece como facho aceso de sublime esperança...

Rápido exame nos costumes e tradições de todos os remanescentes da vida primitiva, entre os selvagens da atualidade, nos dará conhecimento de que as mais rudimentares organizações humanas guardam no intercâmbio com os *mortos* suas elementares noções de fé religiosa.

Aparições e vozes, fenômenos e revelações do mundo espiritual assinalam a marcha das tribos e das povoações do princípio.

No Egito, os assuntos ligados à morte assumem especial importância para a civilização. Anúbis, o deus dos sarcófagos, era o guardião das sombras e presidia a viagem das almas para o julgamento que lhes competia no Além.

Na China multimilenar, os antepassados vivem nos alicerces da fé. Em todas as circunstâncias da vida, os Espíritos dos avoengos são consultados pelos descendentes, recebendo orações, promessas, flores e sacrifícios... Na Índia encontram nos *rakchasas*, Espíritos maléficos que residem nos sepulcros, os portadores invisíveis de moléstias e aflições. Os gregos acreditavam-se cercados pelas Entidades que nomeavam por *däimon*, ou familiares intangíveis, as quais os inspiravam na execução das tarefas habituais.

Em Roma, os Espíritos amigos recebem o culto constante na intimidade doméstica, onde são interpretados como divindades menores. Para a antiga comunidade latina, as almas bem-intencionadas, que haviam deixado, na Terra, os traços da sabedoria e

---

3 - XAVIER, F. Cândido. *Roteiro.* 8. ed. Rio [de Janeiro]: FEB, 1989, cap. 24.

da virtude eram os *deuses lares*, também conhecidos por *penates*, com recursos de auxiliar amplamente, enquanto que os fantasmas das criaturas perversas eram conhecidos habitualmente por *larvas*, cuja aproximação causava dissabores e enfermidades...

Os feiticeiros das tabas primitivas eram nas civilizações recuadas substituídos por magos, cujo poder imperava sobre a espada dos guerreiros e sobre a coroa dos príncipes.

E ainda, em todos os acontecimentos religiosos que precederam a vinda do Cristo, a manifestação dos desencarnados ou o fenômeno espírita comparece por vívido clarão da verdade, orientando os sucessos e guiando as supremas realizações do esforço coletivo.

3

MOISÉS APROVAVA A MEDIUNIDADE; PAULO ENSINAVA A PRATICÁ-LA

Herculano Pires [4]

De vez em quando os espíritas são acusados de necromancia, de feitiçaria, de evocadores de mortos, de ter pacto com o diabo, e coisas semelhantes... Embora todas essas acusações já estejam demasiadamente desmoralizadas, há quem insista em repeti-las, inclusive por meio de boletins, de jornais, de revistas, e até mesmo de livros. Assim, somos às vezes forçados a voltar a esses assuntos, para que pessoas sem ligação com o movimento espírita e sem conhecimento da nossa Doutrina não se deixem levar por informações dessa espécie.

A necromancia era uma prática antiga de adivinhação, por meio de evocações. Moisés a condenou entre os judeus. Mas o próprio Moisés soube diferençá-la da prática mediúnica de natureza religiosa, como vemos no episódio bíblico de Eldad e Medad (Números, 11:26-29). Vemos, nessa passagem, Josué anunciar a Moisés que os dois jovens recebiam Espíritos e davam sua comunicação, e pedir-lhe que os proibissem de fazê-lo. Moisés responde: “Que zelos são esses, que mostras por mim? Quem dera que todo o povo profetizasse, e que o Senhor lhe desse o seu Espírito”.

Vê-se claramente que o grande legislador hebreu não confundia, como o fazem hoje algumas pessoas, em geral investidas de missão religiosa, a comunicação dos Espíritos do Senhor, em que se apoia o Espiritismo, com as práticas condenadas e condenáveis da adivinhação, da feitiçaria e outras... Aliás, não se pode

4 - PIRES, Herculano. *O Infinito e o Finito.* S.B. Campo: Ed. C.F. do ABC, 1983, pp. 92 a 97.

condenar a comunicação dos mortos, sem ao mesmo tempo condenar todas as religiões, porque todas elas se assentam nas relações do visível com o invisível, e a *Bíblia,* como todos os livros sagrados do mundo, inclusive o Evangelho, dão testemunho das comunicações de Espíritos, em todas as formas conhecidas e estudadas pelo Espiritismo.

O problema das "evocações de mortos", expressão de que lançam mão algumas pessoas para atemorizarem as almas simples, não existe no Espiritismo. Primeiro, porque mortos não podem ser evocados. Mortos são os corpos, que permanecem na terra até a sua completa desintegração. O que se pode invocar é o Espírito, e este não está morto, mas bem mais vivo do que nós. Em segundo lugar, o Espiritismo só usou de evocações quando necessitava de estudar, pesquisar, analisar o problema da vida após a morte. Era um processo científico como qualquer outro, que nada tinha de comum com a magia. Basta dizer que jamais o Espiritismo admitiu fórmulas e rituais de qualquer espécie, para os seus trabalhos de pesquisa espiritual. Hoje, os espíritas apenas recebemos, nas sessões doutrinárias, comunicações espontâneas de Espíritos, com duas finalidades, que são: ajudar os Espíritos necessitados, e receber auxílio dos Espíritos Superiores. Este auxílio, entretanto, é espiritual, constante de ensinamentos evangélicos, só se verificando o auxílio material em casos de enfermidade, quando permitido pelo Alto, por Jesus e Seus Prepostos.

Quanto à acusação de "pacto com o diabo", é simplesmente ingênua. Ninguém, de bom senso, pode acreditar que pessoas equilibradas, que levam a vida a sério, cumprem os seus deveres e lutam por um mundo melhor e mais belo, se interessem por qualquer espécie de prática demonológica. O Espiritismo, no seu aspecto religioso, apoia-se inteiramente no Evangelho de Jesus. Quem quiser conhecer a religião espírita basta adquirir um exemplar de *O Evangelho Segundo o Espiritismo,* de Allan Kardec, e ali encontrará todos os dados a respeito. Se o leitor deparar com qualquer coisa demoníaca, nas páginas límpidas e puras desse livro, então se afaste da nossa Doutrina e a condene, baseado em razões concretas e não em acusações absurdas.

O Espiritismo, como dizia Kardec, não inventou a comunicação dos Espíritos. A comunicação é um fato natural, existente em todos os tempos, atestado pela História e a Literatura, especialmente pelos livros sagrados. O que o Espiritismo fez foi apenas estudar a comunicação e empregá-la no esclarecimento espiritual do mundo, na orientação segura dos homens para Cristo. Da mesma maneira porque os cientistas não inventaram as quedas d'água, mas procuraram dominá-las e delas extrair a luz para iluminar as cidades. Na primeira epístola aos coríntios, o apóstolo Paulo ensina como se faz uma sessão espírita, porque as comunicações dos Espíritos constituíam a base das práticas religiosas dos primitivos cristãos. Como se vê, Kardec tinha razão ao dizer que o Espiritismo não inventou as comunicações.

DIFERENTES DOUTRINAS FORAM ERGUIDAS SOBRE OS ALICERCES DA MEDIUNIDADE

Não se pode considerar o Espiritismo apenas do ponto de vista das comunicações, advertência de Kardec contra as "atitudes suburbanas" em face da Doutrina — uma nova concepção do universo e da vida.

Há pessoas que só veem no Espiritismo o problema mediúnico das comunicações. Essa visão parcial, demasiado restrita, leva-as a considerar a Doutrina como simples revivescência de antigas superstições. Kardec já advertia os adversários quanto ao perigo dessa atitude que, muito apropriadamente, chamava suburbana. E suburbana por quê? Porque as pessoas que a adotam fazem como o turista que julga um país estranho por observações apressadas, como o visitante que julga uma grande cidade pelo que lhe foi dado ver rapidamente nos subúrbios.

O Espiritismo não é apenas um sistema de evocações e comunicações com o mundo invisível. Muito pelo contrário, é toda uma nova forma de concepção do mundo e da vida. A mediunidade é a pedra angular da Doutrina, por ser a faculdade humana que nos permite alargar a nossa percepção da realidade universal. Mas os fatos mediúnicos não são tudo. São o ponto de partida do pensamento, assim como os alicerces de um edifício, apesar de muito importantes, não são o edifício, mas a sua base. Sobre um mesmo alicerce, diferentes arquitetos podem construir edifícios inteiramente diversos. Assim também, sobre o alicerce dos fatos mediúnicos, é possível a construção de Doutrinas diferentes. Basta lembrar que os fatos mediúnicos sempre existiram, para que este problema se torne bem claro.

Desde que o homem apareceu na Terra, os fatos mediúnicos se verificam através dos tempos, como o atestam a história, os livros sagrados de todas as religiões, a literatura e o folclore de todos os povos. Esses mesmos fatos, ou seja, a comunicação dos Espíritos pela mediunidade, deram origem às religiões primitivas, aos sistemas mitológicos, às ordens ocultas e aos chamados "mistérios" da antiguidade, e, por fim, às religiões contemporâneas e ao Espiritismo. Como se vê, concepções diversas, erigidas sobre um mesmo alicerce.

Mas, se nas religiões primitivas ou naturais, surgidas entre os povos selvagens, o que interessava era apenas a comunicação com os Espíritos, com finalidades práticas de auxílio material e imediato, já nas religiões superiores o mais importante era a cosmogonia, a concepção do Universo e da sua finalidade. O Espiritismo, que é uma Doutrina moderna, surgida no século 19, como último elo da longa cadeia de interpretações dos fatos mediúnicos — e que é, sobretudo, uma Doutrina de ordem científica, baseada na observação e na experiência — não poderia voltar ao ponto de partida, para só se interessar pelas comunicações. O que encontramos no Espiritismo é uma nova e grandiosa Doutrina, que nos oferece uma visão inteiramente renovada do Universo e da vida. Não somente os adversários do Espiritismo cometem esse erro de atitude suburbana em face da doutrina. Entre os próprios espíritas, encontramos muitas pessoas que não enxergam um palmo além do fato mediúnico, reduzindo a Doutrina a uma questão de "conversa com os Espíritos". Isto é ainda mais grave, pois os espíritas têm obrigação de conhecer a Doutrina em toda a sua amplitude, ou pelo menos em seus princípios fundamentais, que constam da Codificação Kardeciana. É por isso que insistimos na necessidade constante de cursos doutrinários nos centros, mas cursos orientados pela Codificação, e não por opiniões pessoais ou de grupos.

Quanto aos adversários, os que acusam o Espiritismo de supersticioso, quando não se trata de teólogos ou sacerdotes interessados em combater a Doutrina, revelam desconhecer inteiramente o Espiritismo.

Os fatos mediúnicos são importantes, são fundamentais, como o vapor é básico na história das ferrovias, mas as consequências do aproveitamento racional dos fatos mediúnicos são muito maiores do que pode imaginar um leigo a respeito de Espiritismo.

4

OS PRECURSORES DO ESPIRITISMO

Gabriel Delanne[5]

Os fatos atinentes às revelações dos Espíritos ou fenômenos mediúnicos remontam à mais recuada antiguidade, sendo tão velhos quanto o nosso mundo; e sempre ocorreram em todos os tempos e entre todos os povos. A História, a este propósito, está pontilhada desses fenômenos de intercomunicação espiritual.

Das tribos mais selvagens, com suas práticas ritualísticas primitivas às intricadas e complexas iniciações egípcias ou às místicas manifestações da Índia até os nossos dias, a presença constante e intensa dos Espíritos é um eloquente atestado da comunicabilidade entre o plano espiritual e o físico.

As evocações dos Espíritos não se situaram apenas entre os povos do Ocidente, ocorrendo com larga frequência no Oriente, como se observa dos relatos do Código dos Vedas e do Código de Manu. Esclarece-nos Louis Jacolliot que, desde os tempos imemoriais, os padres iniciados nos mosteiros preparavam os faquires para a evocação dos mortos, com a obtenção de fenômenos notáveis (*Le Spiritisme dans le Monde*). O missionário Huc refere-se a grande número de experiências de comunicações com os mortos registradas na China. Paulo de Tarso, em suas cartas, reconhecia a prática dessas manifestações entre os cristãos primitivos ao recomendar aos coríntios[6]: "Segui o amor, e procurai com zelo os dons espirituais, mas principalmente profetizeis". E aos cristãos de Tessalônica, escreveria[7]: "Não apagueis o Espírito; não desprezeis profecias; julgai todas as coisas, retende o que é bom".

---

5 - DELANNE, Gabriel. *O Fenômeno Espírita*. Rio [de Janeiro]: FEB, 1988, p.p.17-19.

6 - Paulo, I Coríntios, 14:1.

7 - Paulo, I Tessalonicenses, 5:19 a 21.

João, o Evangelista, se referia a manifestações espirituais, alertando-nos, igualmente, quanto à procedência dessas comunicações[8]: "Amados, não creiais a todo Espírito; experimentai se os Espíritos são de Deus".

Na Idade Média destaca-se a figura admirável de Joana d'Arc, a grande médium, recusando sempre renegar as vozes espirituais.

Numa época mais moderna é que podemos mais bem situar a fase precursora do Espiritismo, a Terceira Revelação, conhecida como *O Consolador Prometido* por Jesus à Humanidade.

A diferença entre os fatos dessa fase e os fenômenos da pré-história, como bem acentua o admirável escritor inglês Arthur Conan Doyle, está em que estes últimos episódios eram esporádicos, ou diríamos melhor, sem uma sequência metódica, enquanto aqueles têm a característica de uma *invasão organizada.*

É nessa época mais moderna e precursora que vamos encontrar alguns notáveis antecessores, como o famoso vidente sueco, Emmanuel Swedenborg, engenheiro militar, insigne teólogo de valioso patrimônio cultural e dotado de largo potencial de forças psíquicas.

Desde a sua infância, tiveram início as suas visões numa continuidade que se prolonga até sua morte. Mas as suas forças latentes eclodiram com mais intensidade a partir de abril de 1744, em Londres. Desde então, afirma Swedenborg[9]: "O Senhor abria os olhos do meu Espírito para ver, perfeitamente desperto, o que se passava no outro mundo e para conversar, em plena consciência, com anjos e Espíritos".

Um outro notável precursor, digno de menção, foi Franz Anton Mesmer, médico e descobridor do magnetismo curador. Em 1775, Mesmer reconhece o poder da cura mediante a aplicação das mãos, ou seja, por meio do que hoje conhecemos nos Centros Espíritas como fluidoterapia.

---

8 - I João, 4:1 a 12.

9 - DOYLE, Arthur Conan. *História do Espiritismo*. São Paulo: Ed. Pensamento, cap. I, p. 37.

Fatos precursores dignos de registro ocorreram com Andrew Jackson Davis, magnífico sensitivo que viveu entre 1826 a 1910, sendo considerado por Sir Arthur Conan Doyle como o profeta da Nova Revelação.

Os poderes psíquicos de Davis começaram nos últimos anos da infância, ouvindo vozes de Espíritos que lhe davam conselhos. À clariaudiência seguiu-se a clarividência.

Na tarde de 6 de março de 1844, Davis foi tomado por uma força que o fez voar, em Espírito, da pequena cidade onde residia, e fazer uma viagem até as Montanhas de Catskill, cerca de 40 milhas de casa. Swedenborg foi um dos mentores espirituais de Davis.

O surgimento do Espiritismo foi predito por Davis no livro *Princípio da Natureza.* Comenta Doyle que, para nós, o que é importante é o papel representado por Davis no começo da revelação espírita. Estava claramente fadado a associar-se intimamente com ela, vez que conhecia a demonstração de Hydesville.

Anos mais tarde (por meio do fenômeno mediúnico) Santo Agostinho afirmaria[10]: "(...) Primeiro chamamos a vossa atenção por meio de fenômenos capazes de ferir-vos os sentidos; agora vos damos instruções que, cada um de vós se acha encarregado de espalhar...

Com este objetivo é que ditamos *O Livro dos Espíritos.*

---

10 - KARDEC, Allan. *O Livro dos Espíritos.* 83. ed. Rio [de Janeiro]: FEB, 2002, q. 919a.

5
OS FENÔMENOS MEDIÚNICOS E SEUS PALADINOS

(...) Permitiu Deus a eclosão dos fenômenos paranormais para convencer
as mentes cépticas da Imortalidade da Alma, unir os homens e dar-lhes o
conhecimento da Verdade e, consequentemente, promover-lhes a melhoria.
François C. Liran

Adormecida em seu ancestral sono hibernal, a Humanidade vem despertando — mui sonolentamente ainda — de tal letargo milenar...

Assim, em que pese a má vontade de muitos que se sentem incomodados com as clarinadas da Verdade, pouco a pouco a luz vai se fazendo nas trevas da ignorância... Aqui e ali ainda repontam os preconceitos e os interesses subalternos tentando sufocar o alvorecer da nova era, mas debalde haverão de deblaterar, pois os tempos são chegados...

As irmãs Fox em Hydesville detonaram o processo, e os fenômenos mediúnicos espocaram na Terra inteira... Os missionários encarregados de esparzir a boa nova reencarnaram entre nós, e não foram poucos...

Tal qual aconteceu com os cristãos primitivos, também muito sofreram esses paladinos da hora primeira. Mas, impertérritos, prosseguiram sempre...

Swedenborg, Edward Irving, D.D. Home, os irmãos Davenport, os irmãos Eddy e os Holmes, Slade, Mme. d'Esperance, Eusápia Palladino, Stainton Moses e muitos outros não economizaram esforços e sacrifícios para que a luz da verdade clareasse as trevas da humana ignorância...

Mrs. Webster, de Florença, referindo-se a D.D. Home e a seu potencial mediúnico, sintetizou com sabedoria[11]: "Ele é o mais maravilhoso missionário dos tempos modernos e da maior de todas as causas, e o bem que ele tem feito não pode ser avaliado. Quando Mr. Home passa, derrama ao seu redor a maior de todas as bênçãos: a certeza na vida futura".

O pensamento de D.D. Home acerca de sua própria missão foi claramente expresso por ele mesmo numa conferência feita em Londres, na sala Willis, a 15 de fevereiro de 1866. Disse ele:

"(...) Penso que essa força aumentará cada vez mais para nos aproximar de Deus. Perguntareis se ela nos torna mais puros. Minha única resposta é que somos mortais apenas e, como tal, sujeitos ao erro. Ela ensina que aqueles de coração puro verão a Deus. Ela nos ensina que Deus é amor e que não há morte."

---

11 - DOYLE, Arthur Conan. *História do Espiritismo*. São Paulo: Ed. Pensamento, cap. IX.

6

RAÍZES HISTÓRICAS DO ESPIRITISMO

Maria Jesús Riquelme Mellado[12]

O Espiritismo alcançou grande progresso desde os seus primórdios sedimentados nos fenômenos paranormais, oferecendo toda uma realidade de experiências psíquicas portadoras de grandes ensinamentos espirituais e transcendentes para toda a Humanidade. Ele passou da simples fenomenologia de efeitos físicos, como as aparições, golpes, movimentos de objetos, levitações, etc., para um sistema inteligente e organizado de comunicação entre o mundo físico e o mundo espiritual, através do qual surgiram indícios racionais da existência desse último e dos seres que o habitam, abrindo assim a porta da esperança da continuidade da vida na existência do *Mais Além.*

Segundo Sir Arthur Conan Doyle, em seu livro *História do Espiritismo,* os espíritas consideram como data do início dos fenômenos psíquicos o dia 31 de março de 1848. Também nos informa o citado autor inglês que há uma grande diferença entre o Espiritismo antigo e o moderno: enquanto o primeiro é considerado como vagas aparições, o segundo está caracterizado por toda uma *invasão organizada* de Entidades espirituais inteligentes.

Se olharmos os primórdios da História, veremos que existem muitos casos de manifestações psíquicas. Existem testemunhos de levitações surpreendentes em todas as épocas e Civilizações. A palavra *levitação* deriva do latim *levitas,* ligeireza, e designa o insólito fenômeno da ausência da gravidade que se produz em determinadas pessoas quando entram em transe ou êxtase.

---

12 - Parte de um artigo publicado na Revista Espírita Espanhola *Gran Corazón,* nº. 14 de setembro de 1997, em Murcía, Espanha, traduzido e adaptado pelo autor.

Os antigos textos taoístas falam de formidáveis ascensões e viagens aéreas que realizavam os grandes sábios quando se concentravam nos mistérios do Tao. Lao-Tsé, segundo dizem, "cavalgava facilmente sobre os ventos" e, em sua obra *Livro Verdadeiro do Vazio Perfeito*, fala de incríveis voos como consequência da concentração.

Os filósofos neoplatônicos (233-304) asseguraram que Pitágoras foi visto quase ao mesmo tempo em Metaponte e Tauromenium, e a proeza foi atribuída a uma velocíssima deslocação, mas o mais correto é pensar em uma bilocação.

As notícias mais portentosas acerca da levitação procedem dos sábios indianos. Os antigos textos do *Yoga* se referem aos poderes que alcança o asceta quando logra uma perfeita concentração e entre esses poderes que desenvolve está a possibilidade de levitar e mover-se pelos espaços.

Em muitas histórias e lendas de santos recolhidas nas páginas da *Acta Santorum*, aparecem casos de levitação. Por exemplo: os casos de Francisco de Assis, Ignácio de Loyola, Teresa de Jesus, Domingo de Guzmán e um extenso etcétera...

Por outro lado, temos também muitos casos de aparições. Se analisarmos a história dos povos da Antiguidade e suas crenças, vemos que foi quase universal a convicção de que os deuses apareciam de vez em quando, assim como os gênios e os Espíritos dos "mortos". Os antigos filósofos ensinavam que muitas vezes se podia conversar com os Espíritos, e narravam grande número de aparições.

A *Bíblia* nos fala da aparição dos mortos em várias passagens. No livro primeiro de Samuel, por exemplo, há o relato da visita do rei Saul à pitonisa de Endor para evocar o Espírito do profeta Samuel.

Os romanos também creram nos aparecidos. Eles pensavam que eram almas de pessoas assassinadas que voltavam para levar o desassossego à casa em que se havia cometido o crime. Sua história fala também de Espíritos que predizem desgraças futuras. As aparições de santas figuras e de seres demoníacos se fizeram tão frequentes na Idade Média e no Renascimento que os teólogos tiveram que denunciar o que nelas havia de falso e, inclusive, de diabólico.

Enmanuel Swedenborg

Depois de termos visto alguns testemunhos e exemplos da existência de fenômenos paranormais na história, vamos penetrar no conhecimento do Espiritismo tomando por ponto de partida o pai do fenômeno espiritista, segundo o cataloga Arthur Conan Doyle: Enmanuel Swedenborg.

Esse grande vidente sueco teve — desde pequeno — momentos visionários, mas somente aos vinte anos é que realmente desabrocharam suas transcendentes faculdades. Ao longo de toda sua vida foi se manifestando a clarividência, ou seja, seu Espírito saía do corpo físico, recebia a informação e voltava ao corpo com notícias sobre muitos lugares, tanto do mundo espiritual como do nosso mundo físico.

Em uma ocasião, descreveu a morte de Polhem. Segundo o médium, Polhem morreu numa segunda-feira e falou com ele na sexta-feira, dizendo que havia visto seu próprio coche mortuário e como baixavam seu sarcófago na tumba. Conversou com Swedenborg enquanto se movia, perguntando-lhe por que o haviam enterrado enquanto ainda estava vivo. E quando o sacerdote anunciou que ressuscitaria no dia do Juízo Final, perguntou como podia ser isto se já havia ressuscitado!

De suas visões acerca do mundo espiritual, Swedenborg deixa um formoso testemunho de conhecimentos novos, como muito bem aparecem explicados em suas obras *Céu e Inferno, A Nova Jerusalém* e *Arcano Coelestia.* Segundo ele, no Mais Além, os Espíritos apresentam-se em variados estados ou graus de luminosidade, segundo o desenvolvimento espiritual alcançado na vida.

A morte não é nada temível, porque existem seres celestiais que assistem ao recém-chegado em sua nova existência. Estes passam por um período de repouso completo, recobrando depois a consciência de seu novo estado. Mesmo depois da "morte" as faculdades são conservadas, assim como o modo de pensar, as crenças e prejuízos.

Andrés Jackson Davis

Até a idade de dezesseis anos, Davis teve contato apenas com os livros da escola primária. Sem embargo, antes dos vinte, escreveu um dos livros mais profundos e originais de filosofia. Nos últimos anos de sua infância começou a desenvolver-se a faculdade mediúnica latente, tanto como a clarividência como a clariaudiência.

Um alfaiate local, Levingston, ao maravilhar-se com os seus dons, abandonou seu próspero negócio e dedicou-se a trabalhar com ele usando seu poder de clarividência para diagnosticar enfermidades. Davis podia ver — sem os olhos — objetos que eram impossíveis de distinguir por meio da visão humana. A princípio, esse dom foi utilizado para ler com os olhos vendados, cartas ou relógios do público que se congregava à sua volta, mas, depois, foi utilizado para diagnosticar enfermidades. Davis descreve como o corpo humano se torna transparente: cada órgão é visto claramente com uma irradiação especial e própria que obscurece em caso de enfermidade.

Em 1844, Davis teve uma experiência que consistiu em voar desde a pequena localidade de Pough Keepsie, onde vivia, e fazer uma rápida viagem em estado de semitranse às montanhas de Catskill, nas quais — segundo seu próprio testemunho —, falou com homens veneráveis, e entabulou uma íntima e elevada conversação sobre medicina com um deles, e sobre moral com outro.

As mensagens que recebeu encontram-se recolhidas em obras como *Penietralia* e *De la Relación con los Espíritus,* nas quais se anunciam a chegada de novas tecnologias como o automóvel, o avião, etc., feitos e inventos que não chegaram até o final desse mesmo século.

Hydesville e as Irmãs Fox

Hydesville é um povoadozinho típico do estado de Nova York, com uma população inculta, mas livre de prejuízos. Lá existiam apenas umas quantas casas humildes, de madeira, e em uma delas habitava uma honrada família de granjeiros: os Fox. As filhas do casal Fox se chamavam Margareth e Kate, de 14 e 11 anos, respectivamente.

A família Fox alugou a casa no dia 11 de dezembro de 1847 e, já no início do ano seguinte, começou a ouvir os ruídos que consistiam em golpes como se alguém estivesse chamando do lado de fora e quisesse que se lhe abrissem a porta. No começo, os Fox não prestaram muita atenção a esses ruídos, até que aumentaram de intensidade. Umas vezes eram simples golpes e outras pareciam barulhos de móveis se arrastando. Os ruídos eram tão fortes que as camas tremiam...

Muitas investigações foram feitas espiando o marido e a mulher a um lado da porta, mas os ruídos continuavam. Diziam as más línguas que o fenômeno não passava de fraude, mas enganaram-se: o fenômeno que não deixava a família Fox viver em paz começou a se manifestar como um poder invisível inteligente, que seria o início de um futuro aberto à investigação. Quando Kate, a menor das filhas, desafiou esse poder invisível que repetisse os golpes que ela produzia com os dedos, qual não foi a surpresa ao descobrir-se que essa força invisível seguia e respondia aos golpes de Kate, inclusive quando ela movia os dedos sem fazer ruído, o que confirmava que aquela força podia ver e ouvir.

A mãe de Kate fez uma série de perguntas, que foram respondidas por meio de números. Por exemplo, os golpes "disseram" que havia tido sete filhos, mesmo sob os protestos da mulher que dizia ter tido apenas seis (ela se esquecera de que um deles morreu pouco depois de nascer).

Ao espalhar-se o rumor do que ocorria na casa dos Fox, os vizinhos acudiram em massa para interrogar ao ser que se comunicava.

Por meio da comunicação à base de golpes, aos quais se acrescentaram, mais tarde, os números e as letras do alfabeto, descobriu-se, finalmente, quem realizava essa comunicação: o ser comunicante era Carlos B. Rosma, que havia sido assassinado naquela casa. Tinha 31 anos de idade no momento de sua morte, e o motivo do assassinato foi para que o despojassem de seu dinheiro. Foi enterrado numa cova a dez pés de profundidade.

Este fato vivido pela família Fox, tendo com testemunhas todos os seus vizinhos, foi se estendendo a outras pessoas e a outros lugares, deixando de ser fato exclusivo dos Fox.

Em uma das primeiras comunicações que os Fox receberam, foram advertidos de que as manifestações não se limitavam a eles somente, mas que iam ter uma transcendência por todo o mundo. A profecia teve pronta confirmação, pois forças invisíveis se puseram de manifesto em distintos círculos totalmente independentes da família Fox.

As manifestações dos invisíveis mostraram de forma abundante fatos incríveis e insofismáveis, ainda que secundados por fanáticos excêntricos e impostores, mas que, sem embargo, vinham dar força às convicções dos investigadores sérios e livres de prejuízos.

Durante as investigações, as jovens Fox foram submetidas a duras provas para comprovar a autenticidade dos fenômenos, ou seja, para comprovar se esses ruídos e golpes eram produzidos por Entidades espirituais ou por elas mesmas. Assim foram desnudadas, colocadas sobre diferentes superfícies, ou lhes atavam os vestidos aos tornozelos. Apesar de todos esses cuidados, os golpes continuavam se produzindo. As perguntas que se formulavam eram respondidas, inclusive as que se faziam mentalmente.

A mediunidade de Kate podia produzir comunicações mediante golpes, luzes mediúnicas, escrita direta e aparições de mãos materializadas, movimentos de objetos e traslado desses de um lugar para outro.

William Crookes, investigador das faculdades de Kate, foi testemunha dos ruídos e materialização de mãos. Crookes relatava em uma ocasião que segurara nas suas as mãos de Kate, enquanto os pés dela descansavam sobre um dos seus. Sobre a mesa havia papel, e ele, com uma das mãos, segurava o lápis. Então, apareceu uma mão luminosa que baixou do alto do quarto e, depois de oscilar junto a ele uns segundos, pegou o lápis de sua mão, escreveu rapidamente na folha de papel, jogou o lápis e passou sobre suas cabeças, desvanecendo-se na obscuridade...

Todos esses fenômenos paranormais, assim como as contínuas investigações que se fez a respeito, estenderam-se por toda a América. Depois da publicidade que se deu à família Fox, o número de médiuns se multiplicou, e o dom das faculdades mediúnicas começou a se desenvolver. Em abril de 1849, houve manifestações dessa ordem na família do reverendo A.H. Jervis, ministro metodista de Rochester, e na casa do diácono Hale, assim como outras seis famílias da cidade de Auburn.

Paralelamente ao desenvolvimento dessa faculdade, aumentou também o número de pessoas que se converteram ao Espiritismo, como o juiz Edmonds, ex-governador de Tallmadge, o professor Robert Hare e o professor Mapes. Mais tarde foi fundada, em Nova York, a primeira organização espiritista regular que se intitulou *Sociedade para a difusão do conhecimento espiritista*, e, entre seus membros, figuravam os homens anteriormente citados.

Um Céptico Razoável

Antes de converter-se ao Espiritismo, o professor Hare se dedicou ao seu estudo com o fim de acabar, segundo ele, com a corrente de loucura popular que havia despertado. O professor, cético em princípio, depois de minuciosas provas convenceu-se completamente da origem extraterrena das manifestações.

Douglas Home

Home nasceu em 1833 em Currie, povoado perto de Edimburgo. Aos nove anos, passou da Escócia para a Nova Inglaterra, com a tia que o adotou. Aos treze anos começou a dar sinais de suas faculdades psíquicas. Entre os fenômenos que era capaz de realizar estão os golpes, levantamento de objetos, ruídos, levitações...

Sua mediunidade se desenvolveu extraordinariamente, dando sessões por onde ia. Às vezes, as sessões eram seis ou sete por dia. Naquela época, não se sabia das limitações que existia nem das consequências de ordem física e espiritual de usar a faculdade sem descanso algum. Por causa disso, suas forças físicas se debilitaram, e ele vivia enfermo.

Sem embargo, todo o trabalho de Home serviu para confirmar — uma vez mais — a existência do Mundo Espiritual e das Entidades que entram em contato com os encarnados, desafiando as leis físicas conhecidas pela ciência de nosso mundo.

O famoso investigador Crookes testemunhou as levitações de Home de várias formas: sentado em uma cadeira, ajoelhado sobre uma cadeira e de pé. Em uma ocasião, as testemunhas ouviram quando se abriu uma das janelas do quarto contíguo e naquele momento viram Home flutuar pelos ares fora da janela. Daí a pouco entrou no quarto, deslocando-se até se sentar.

Investigações de Willian Crookes

A investigação dos fenômenos espiritistas levada a cabo pelo físico e químico Willian Crookes, nos anos 1870 a 1874, teve uma grande importância, já que os resultados obtidos de suas comprovações científicas respaldavam do ponto de vista da ciência, a existência de Entidades não físicas e inteligentes que se comunicam, fato esse negado por muitos céticos tanto daquela época como de hoje, e que jamais levaram em conta as provas aportadas por esse influente e sério investigador.

Crookes investigou médiuns célebres como Kate Fox, Florence Cook, Douglas Home, Eusápia Paladino, entre outros. Ele começou seu trabalho para demonstrar ou aclarar o suposto engano que sugeriam os fenômenos psíquicos. Seu dever como investigador sério o levou não a demonstrar uma fraude, mas, ao contrário, a verificar sua autenticidade. Em 1869, começaram suas principais investigações com a médium Marshall y Morse.

Outra das mais supreendentes experiências que teve Crookes foi com a encantadora médium Florence Cook. Era realizada em uma espécie de caixa cilíndrica. A jovem se sentava em um tamborete no interior da caixa, atavam-lhe as mãos sobre os joelhos e lacravam os nós com cera. Um projetor de tamanho reduzido focalizava uma janelinha de cristal feita na caixa na altura do rosto da médium. A assistência começava a cantar aos gritos para "alertar aos Espíritos". Ao cabo de quinze minutos de esforços coletivos, atrás da janelinha aparecia a cara cerosa de um fantasma. Depois de várias sessões desse tipo, a médium pediu que se substituísse a caixa por cortinas, para facilitar a comunicação do Espírito. Florence entrou no camarim de transes, que é como se chamou o novo lugar da médium. Depois de uma longa espera, o fantasma apareceu, atraído pelos cânticos das pessoas ali congregadas. O Espírito era uma formosa e jovem mulher, parecida com uma estátua antiga, que declarou chamar-se Katie King, e logo desapareceu em uma espécie de nuvem fluídica. No camarim de transe, Florence permanecia atada até que voltava a si de novo.

Eusápia Paladino

Eusápia Paladino assinala uma etapa importante na história da investigação psíquica, porque foi a primeira médium utilizada nos fenômenos físicos por grande número de eminentes homens da ciência.

Anteriormente, Home já havia produzido muitos desses fenômenos, e Crookes convidou seus colegas cientistas a comprová-los, mas eles se negaram. E agora, finalmente, esses fenômenos iam ser objeto de estudos por homens de grande reputação científica, como o professor Chiaia de Nápoles e Lombroso, que foi seguido por uma comissão de Milão formada entre outros pelo professor Gerosa, catedrático de Física, Carlos Du-Prel, doutor em filosofia, Carlos Richet, da Universidade de Paris e Frederic Myers.

Em uma sessão celebrada em Roma, em 1894, a que assistiram o professor Richet, o doutor Schenck Notzing, o professor Lombroso e outros disseram o seguinte: com o desejo de obter o movimento de um objeto sem contato, colocamos um pedaço de papel dobrado em forma de "A" debaixo de um copo de cristal sobre um disco de cartão, que foram colocados sobre uma mesa e os demais se sentaram ao redor de uma mesa pequena. Depois se cerraram todas as portas e as respectivas chaves foram guardadas nos bolsos dos convidados. Apagadas as luzes, ouviu-se imediatamente o barulho do dito copo de cristal. Quando se acenderam as luzes, o copo estava no meio deles, invertido, cobrindo o pedaço de papel, mas havia desaparecido o pedaço de cartão. A sessão havia terminado, e foi em vão que procuraram o cartão desaparecido. Ao saírem da sala, descobriram — assombrados — o cartão do outro lado da porta.

Em outra sessão, a médium foi fotografada por M. Fontenay e, nas fotografias, apareceram várias mãos sobre a cabeça da médium, que não podiam ser as suas próprias, e, ademais, as fotos estavam autenticadas pelos observadores.

Em outra ocasião, com o professor Morselli, Eusápia foi atada em um leito com vendas fortes e largas, como as que se usavam em hospícios para sujeitar os loucos. Morselli assegurou que estavam imóveis os tornozelos e os punhos da médium. Em segundos, uma mesa começou a mover-se aparecendo — ao mesmo tempo — uma mão e luzes. Logo se abriu a cortina, vendo-se que a médium continuava atada e na mesma posição anterior, com toda segurança. A posição da médium tornava impossível que a mesma houvesse movido a mesa ou fosse sua própria mão que aparecera na sala.

Dessa forma, os fenômenos deixaram o campo das hipóteses e das superstições e adentraram-se pela porta da frente dos laboratórios dos cientistas que lhes aplicaram o insofismável método científico. Duvidar, quem há de?

7
KARDEC E AS MESAS GIRANTES[13]

Não foi fácil vencer o ceticismo do professor Rivail, acostumado que estava a passar tudo pelo crivo da razão... Três anos antes da publicação de *O Livro dos Espíritos,* pelos idos de 1854, ele ouvira, pela primeira vez, falar das mesas girantes, novo sucesso nas diversões dos salões de festas parisienses. A notícia veio através de antigo conhecido, Sr. Fortier, que era magnetizador.

Aqueles fenômenos pareciam, *a priori,* inverossímeis. Mesas que respondiam a perguntas? Onde já se viu tal coisa?! Pensou consigo mesmo: "Só acreditarei quando o vir e quando me provarem que uma mesa tem cérebro para pensar, nervos para sentir e que possa tornar-se sonâmbula. Até lá, não vejo no caso mais do que um conto para fazer-nos dormir em pé".

Era lógico esse raciocínio: ele concebia o movimento por efeito de uma força mecânica, mas, ignorando a causa e a lei do fenômeno, afigurava-se-lhe absurdo atribuir inteligência a uma coisa puramente material. Achava-se na posição dos incrédulos atuais, que negam porque apenas veem um fato que não compreendem.

Para quem quer que não conheça a lei que rege os fenômenos, eles parecem maravilhosos e, por conseguinte, impossíveis e ridículos. Mas, uma vez conhecida a lei, desaparece a maravilha, o fato deixa de ter o que repugne à razão porque pode produzir-se à vontade.

O professor Rivail estava, pois, diante de um fato inexplicado, aparentemente contrário às leis da Natureza e que a sua razão repelia, pois a ideia de uma mesa falante era algo difícil de lhe entrar na mente.

---

13 - Adaptado de: KARDEC, Allan. *Obras Póstumas.* 25. ed. Rio: FEB, 1990, p.p. 265-271.

Para piorar as coisas, lá pelos começos do ano de 1855, o professor Rivail encontra-se com o Sr. Carlotti, amigo de longa data, que lhe falou daqueles fenômenos durante cerca de uma hora, com o entusiasmo que consagrava a todas as ideias novas. Ele sempre lhe apreciara as qualidades que distinguem uma grande e bela alma, porém desconfiava da sua exaltação.

Mas foi através do Sr. Carlotti que o professor Rivail, pela primeira vez, ouviu algo acerca da *intervenção dos Espíritos.* Mais atiçado ainda ficou o cepticismo do egrégio professor que, longe de ficar convencido, teve suas dúvidas aumentadas.

Passado algum tempo, pelo mês de maio de 1855, o professor Rivail foi à casa da sonâmbula Sra. Roger, em companhia do Sr. Fortier, seu magnetizador. Lá encontrou o Sr. Pâtier e a Sra. Plainemaison, que daqueles fenômenos lhe falaram no mesmo sentido em que o Sr. Carlotti se pronunciara, mas em tom muito diverso: o Sr. Pâtier era funcionário público, já de certa idade, muito instruído, de caráter grave, frio e calmo; sua linguagem pausada isenta de todo entusiasmo, produziu no professor Rivail viva impressão e, quando o convidou a assistir às experiências que se realizavam em casa da Sra. Plainemaison, à Rua Grange-Batelière, 18, aceitou imediatamente.

A reunião foi marcada para uma terça-feira de maio, às oito horas da noite. E foi aí que, pela primeira vez, ele finalmente presenciou o fenômeno das mesas que giravam, saltavam e corriam em condições tais que não deixavam lugar para qualquer dúvida, e também assistiu a alguns ensaios, muito imperfeitos, de escrita mediúnica numa ardósia, com o auxílio de uma cesta.

Ante tudo aquilo, o professor ainda não pôde concluir nada, mas havia ali um fato que necessariamente decorria de uma causa. E ele entrevia, naquelas aparentes futilidades, no passatempo que faziam daqueles fenômenos, qualquer coisa de sério, como que a revelação de uma nova lei, que procurou estudar a fundo, como o fazia, de um modo geral, com tudo o que lhe aguçava a curiosidade e a inteligência.

Bem depressa, ocasião se lhe ofereceu, então, de observar mais atentamente os fatos, como ainda o não fizera: numa das reuniões da Sra. Plainemaison, ele travou conhecimento com a família Baudin, que residia então à Rua Rochechouart. O Sr. Baudin o convidou para assistir às sessões hebdomadárias, que se realizavam em sua casa e das quais se tornou, desde logo, muito assíduo.

Eram bastante numerosas essas reuniões; além dos frequentadores habituais, admitiam-se todos os que solicitavam permissão para assisti-las. Os médiuns eram as duas senhoritas Baudin, que escreviam numa ardósia com o auxílio de uma cesta, chamada *carrapeta* e que se encontra descrita em *O Livro dos Médiuns*. Esse processo, que exige o concurso de duas pessoas, exclui toda possibilidade de intromissão das ideias do médium. Aí, teve ensejo de ver comunicações contínuas e respostas a perguntas formuladas, algumas vezes, até perguntas mentais, que mostravam a intervenção de uma inteligência estranha. Mas eram geralmente frívolos os assuntos tratados. Os assistentes se ocupavam, principalmente, de coisas respeitantes à vida material, ao futuro, numa palavra, de coisas que nada tinham de realmente sério, repetindo-se aqui o mesmo que aconteceu ao tempo de Moisés, e que o levou a tomar algumas atitudes enérgicas de contenção dos ânimos exacerbados e rasteiros... A curiosidade e o divertimento eram os móveis capitais de todos. Dava o nome de Zéfiro o Espírito que costumava manifestar-se, nome perfeitamente acorde com o seu caráter e com o da reunião. Sem embargo, era muito bom e se dissera protetor da família. Não era um Espírito muito adiantado, porém, mais tarde, assistido por Espíritos superiores, auxiliou o professor em seus trabalhos. E foi justamente nessas reuniões que começaram os estudos sérios de Espiritismo. Ele aplicou a essa nova ciência o método experimental; portanto, jamais elaborou teorias preconcebidas; observava cuidadosamente, comparava, deduzia consequências; dos efeitos procurava remontar às causas, por dedução e pelo encadeamento lógico dos fatos, não admitindo por válida uma explicação, senão quando resolvia todas as dificuldades da questão.

Agora sim, ele compreendera a gravidade da exploração que ia empreender; percebendo, naqueles fenômenos, a chave do problema tão obscuro e tão controvertido do passado e do futuro da Humanidade. Era, em suma, toda uma revolução nas ideias e nas crenças; fazia-se mister, portanto, andar com a maior circunspeção e não levianamente; ser positivista e não idealista, para não se deixar iludir.

Eis um dos primeiros (e importantíssimos) resultados colhidos das observações: os Espíritos, nada mais sendo do que as almas dos homens, não possuíam nem a plena sabedoria, nem a ciência integral; o saber de que dispunham se circunscrevia ao grau de adiantamento que haviam alcançado, portanto, a opinião deles só tinha o valor de uma opinião pessoal. Reconhecida desde o princípio, essa verdade o preservou do grave escolho de crer na infalibilidade dos Espíritos e o impediu de formular teorias prematuras.

O simples fato da comunicação com os Espíritos, dissessem eles o que dissessem, provava a existência do mundo invisível ambiente. Já era um ponto essencial, um imenso campo aberto às explorações, a chave de inúmeros fenômenos até então inexplicados. O segundo ponto, não menos importante, era que aquela comunicação permitia se conhecessem o estado desse mundo, seus costumes.

O professor Rivail viu logo que cada Espírito, em virtude da sua posição pessoal e de seus conhecimentos, desvendava uma face daquele mundo, do mesmo modo que se chega a conhecer o estado de um país, interrogando habitantes seus de todas as classes, não podendo um só, individualmente, informar acerca de tudo. Compete ao observador formar o conjunto, por meio dos documentos colhidos de diferentes lados, colecionados, coordenados e comparados uns com outros.

Observar, comparar e julgar, essa a regra que constantemente era seguida pelo professor!

Até ali, as sessões na residência dos Baudin não tinham nenhum fim determinado. O professor tentou obter lá a resolução dos problemas que o interessavam, do ponto de vista da Filosofia, da Psicologia e da natureza do mundo invisível: levava para cada sessão uma série de questões preparadas e metodicamente dispostas. Eram sempre respondidas com precisão, profundeza e lógica. A partir de então, as sessões assumiram caráter muito diverso. Entre os assistentes contavam-se pessoas sérias, que tomaram por elas vivo interesse, visto que as perguntas fúteis haviam perdido, para a maioria, todo atrativo, e quando o professor Rivail viu que aquilo constituía um todo e ganhava as proporções de uma doutrina, teve a ideia de publicar os ensinos recebidos, para instrução de toda a gente. Foram aquelas mesmas questões que, sucessivamente desenvolvidas e completadas, constituíram a base de *O Livro dos Espíritos*.

Em 1856, o professor Rivail passou a frequentar também as reuniões espíritas na casa do Sr. Roustan e da senhorita Japhet, sonâmbula, à Rua Tiquetone. Eram sérias essas reuniões e se realizavam com ordem. As comunicações eram transmitidas por intermédio da senhorita Japhet, médium, com auxílio da cesta de bico.

O trabalho estava já concluído em grande parte, e tinha os contornos e as proporções de um livro. Sem embargo, o zelo e o ceticismo ainda exerciam ação de freios de segurança, por isso o professor fazia questão de submeter todos os dados obtidos ao exame de outros Espíritos, com o auxílio de diferentes médiuns. Os temas eram também objeto de aprofundados estudos nas reuniões do Sr. Roustan.

A certa altura, os Espíritos determinaram fazer a revisão de todo o conteúdo das sessões na intimidade, e marcaram para tal efeito certos dias nos quais o professor trabalharia em particular com a Srta. Japhet.

Mas quem disse que o professor se dava por satisfeito?! Não contente com todas essas verificações, e mesmo porque os Espíritos assim o recomendavam, o professor não perdia oportunidade para propor algumas questões que lhe pareciam mais espinhosas. Foi assim que mais de dez médiuns prestaram concurso a esse trabalho. Da comparação e da fusão de todas as respostas, coordenadas, classificadas e muitas vezes retocadas no silêncio da meditação, foi que surgiu, finalmente, contendo 501 perguntas, a primeira edição de *O Livro dos Espíritos*, entregue à publicidade em 18 de abril de 1857.

8

AS PESQUISAS DE SIR WILLIAN CROOKES[14]

As pesquisas sobre os fenômenos do Espiritismo por Sir Willian Crookes durante os anos de 1870 a 1874 constituem um dos mais significativos incidentes na história do movimento espírita.

São notáveis devido ao elevado padrão científico do investigador, o severo e justo espírito com que o inquérito foi conduzido, os extraordinários resultados e a corajosa profissão de fé que as seguiu...

Confessa Crookes que iniciou as suas investigações sobre fenômenos psíquicos pensando que tudo fosse truque. Seus colegas sustentavam o mesmo ponto de vista, e ficaram satisfeitos com a atitude que ele havia adotado. Foi manifestada profunda satisfação porque a investigação ia ser conduzida por um homem tão altamente qualificado. Quase não duvidaram de que aquilo que consideravam as falsas pretensões do Espiritismo fosse desmascarado.

Disse um escritor: "Se um homem como Crookes trata do assunto... em breve saberemos em que acreditar".

Numa comunicação a Nature, o Dr. Balfour Stewart elogiou a coragem e a honestidade que levou Crookes a tomar aquela resolução. O próprio Crookes assentou que era dever dos cientistas fazer tal investigação. E escreveu: "Tem-se lançado em rosto dos homens de ciência a sua pretensa liberdade de opinião, quando sistematicamente se recusam a fazer uma investigação científica sobre a existência e a natureza de fatos sustentados por tantos testemunhos competentes e fidedignos, e os convidam a um exame livre, onde e quando quiserem. Por minha parte dou muito valor à pesquisa da verdade e à descoberta de qualquer fato novo em a

14 - DOYLE, Arthur Conan. *História do Espiritismo*. S. Paulo: Ed. Pensamento, cap. XI.

Natureza, para me insurgir contra a investigação apenas por parecer que ela se choca com as opiniões predominantes".

Foi com tal ânimo de espírito que ele iniciou a sua investigação... Contudo, deveria ser verificado que, conquanto o professor Crookes fosse severo crítico dos fenômenos físicos, já havia tomado contato com os fenômenos mentais e parece que os havia aceitado. É provável que essa simpatia espiritual o tenha ajudado na obtenção de seus notáveis resultados, porque — nunca será por demais repetido, vez que é sempre esquecido: a pesquisa psíquica da melhor qualidade é sempre psíquica e depende de condições espirituais. Não é, portanto, o homem teimoso e opiniático, que investiga com uma grande falta de senso de medida para coisas espirituais o que consegue resultados, mas aquele que verifica que o estrito uso da razão e da observação não é incompatível com a humildade mental e com aquela delicadeza e cortesia que produzem a harmonia e a afinidade entre o investigador e o seu sensitivo.

Com a médium Florence Cook, Sir Willian Crookes manteve, por mais de três anos consecutivos, contato com o Espírito materializado de Katie King; e concluiu: "(...) Imaginar, digo eu, que a Katie King dos últimos três anos fosse fruto de uma impostura é a maior violência para a razão humana e para o bom senso".

Em 1874, um jornal de New York, o *Daily Graphic*, encarregou o Cel. Olcott de fazer uma investigação acerca dos ostensivos quão controvertidos fenômenos paranormais. Examinando o extenso e exuberante potencial mediúnico dos Irmãos Eddy, em Vermont, e contrariando todas as expectativas dos incrédulos misoneístas, concluiu Olcott em seu relatório final[15]:

"(...) Não obstante o número de céticos se batendo contra esses fatos graníticos; não obstante o disfarce que possam vestir os 'desmascaradores', a trombetear cornetinhas de brinquedo, *essa Jericó resistirá.*"

---

15 - DOYLE, Arthur Conan. *História do Espiritismo*. S. Paulo: Ed. Pensamento, cap. XII.

9
A INVASÃO ORGANIZADA

(...) E eu rogarei ao Pai e Ele vos enviará outro Consolador.

Jesus (Jo, 14:16.)

Tal conforme a promessa e o planejamento de Jesus, as hostes do Consolador já tomaram a Terra de assalto...

Prefaciando o livro básico, *O Evangelho Segundo o Espiritismo*, declarou o Espírito de Verdade: “Os Espíritos do Senhor, que são as virtudes dos Céus, qual imenso exército que se movimenta ao receber as ordens do Seu comando, espalham-se por toda a superfície da Terra e, semelhantes a estrelas cadentes, vêm iluminar os caminhos e abrir os olhos aos cegos.

Eu vos digo, em verdade, que são chegados os tempos em que todas as coisas hão de ser restabelecidas no seu verdadeiro sentido, para dissipar as trevas, confundir os orgulhosos e glorificar os justos...

As grandes vozes do Céu ressoam como sons de trombetas, e os cânticos dos anjos se lhes associam. Nós vos convidamos, a vós homens, para o divino concerto. Tomai da lira, fazei uníssonas vossas vozes, e que, num hino sagrado, elas se estendam e repercutam de um extremo a outro do Universo...”

Na verdade, muito antes da promessa de Jesus, já profetizara Joel, acerca da efusão do Espírito[16]:

“(...) Derramarei o meu Espírito sobre toda a carne, e vossos filhos e vossas filhas profetizarão, os vossos velhos terão sonhos, os vossos mancebos terão visões. E também sobre os servos e sobre as servas naqueles dias derramarei o meu Espírito.”

16 - Joel, 2:28 e 29.

Mais tarde, o apóstolo Paulo resgataria essa profecia de Joel, conforme podemos ler em Atos dos Apóstolos. (2:16 a 18).

Segundo Herculano Pires, antes da concretização dessa profecia, isto é, antes dessa "invasão organizada", viriam os "patrulheiros", que são os elementos que exercem a função de pontas-de-lança, os que efetuam uma espécie de reconhecimento do terreno e de preparação da invasão, que virá empós...

O Espiritismo teve, portanto, os seus precursores dos quais podemos nomear em linha reta através dos tempos: Sócrates, Platão, Swedenborg, Edward Irving, Andrew Jackson Davis, as irmãs Fox, Home, os irmãos Davenport Edy e Homes, Slade, Eusápia Paladino e outros...

Um século antes de Allan Kardec e dois séculos antes do advento da portentosa, singular e inigualável Série André Luiz, aportada entre nós pelas mãos abendiçoadas de Chico Xavier, já revelava[17] Emmanuel Swedenborg o resultado de suas viagens astrais:

"(...) O outro mundo para onde vamos após a morte consiste em várias esferas, representando outros tantos graus de luminosidade e felicidade; cada um de nós irá para aquela a que se adapta a nossa condição espiritual. Somos julgados automaticamente, por uma lei espiritual de similitudes, e tal aferição é determinada pelo resultado global de nossas vidas, como muito bem o esclareceu Jesus ao afirmar[18] que a cada um será outorgado segundo as próprias obras, de modo que a absolvição ou o arrependimento no leito de morte têm pouco proveito. Nessas esferas o cenário e as condições de nosso mundo são reproduzidos fielmente, do mesmo modo que a estrutura da sociedade. Lá existem casas onde vivem famílias, templos onde se praticam cultos, auditórios onde os Espíritos se reúnem para fins sociais, palácios onde moram os chefes...

---

17 - DOYLE, Arthur Conan. *História do Espiritismo*. S. Paulo: Ed. Pensamento, cap. I.

18 - Mt., 16:27.

A morte era suave, dada a presença de seres celestiais que ajudavam os recém-chegados na sua nova existência. Esses recém-vindos passavam imediatamente por um período de absoluto repouso. Reconquistavam a consciência em poucos dias, segundo a nossa contagem. Havia anjos e demônios, mas eram de ordem diversa da nossa: eram seres humanos, que tinham vivido na Terra e que ou eram Almas retardatárias, como demônios, ou altamente desenvolvidas como anjos.

De modo algum mudamos com a morte. O homem nada perde pela morte: sob todos os pontos de vista é ainda um homem, conquanto mais perfeito do que quando na matéria. Levou consigo não só as suas forças, mas os seus hábitos mentais adquiridos, as suas preocupações, os seus preconceitos... Todas as crianças eram recebidas igualmente, fossem ou não batizadas. Cresciam no outro mundo; jovens lhes serviam de mães, até que chegassem as mães verdadeiras. Não havia penas eternas. Os que se achavam nos infernos podiam trabalhar para a sua saída, desde que sentissem vontade. Os que se achavam no Céu não tinham lugar permanente: trabalhavam por uma posição mais elevada."

Com sua verve de escritor judicioso, celebrizado entre outras coisas como o criador de Sherlock Holmes, continua Sir Arthur Conan Doyle a descrever as peripécias de Swedenborg pelo Mundo Espiritual durante suas emancipações oníricas[19]: "Não havia detalhes insignificantes para a sua observação no Mundo Espiritual. Fala da arquitetura, do artesanato, das flores, dos frutos, dos bordados, da arte, da música, da literatura, da ciência, das escolas, dos museus, das academias, das bibliotecas e dos esportes... Tudo isso pode chocar as inteligências convencionais, conquanto se possa perguntar por que toleramos coroas e tronos e negamos outras coisas menos materiais.

19 - DOYLE, Arthur Conan. *História do Espiritismo*. S. Paulo: Ed. Pensamento, cap. I.

Os que saíram deste mundo velhos, decrépitos, doentes, ou deformados recuperavam a mocidade e, gradativamente, o completo vigor... Os casais continuavam juntos, se os seus sentimentos recíprocos os atraíam. Caso contrário, era desfeita a união. Dois amantes verdadeiros não são separados pela morte, vez que o Espírito do morto habita com o do sobrevivente, até a morte deste último, quando se encontram e se unem, amando-se mais ternamente do que antes.

Eis algumas amostras tiradas da massa enorme de informações mandadas por Deus através de Swedenborg. Elas têm sido reiteradas pela boca e pela pena dos nossos iluminados espíritas. O mundo as desprezou, taxando-as de concepções insensatas. Sem embargo, estes novos conhecimentos vão abrindo caminho. Quando forem aceitos inteiramente, a verdadeira grandeza da missão de Swedenborg será reconhecida."

Não falece dúvida, portanto, que o nome de Swedenborg deve viver eternamente como o primeiro de todos os homens modernos que descreveram o processo da morte e o Mundo Espiritual, bem distante do vago extático e das visões tacanhas, antigualhas e impossíveis das velhas igrejas.

Como Jesus no Monte Tabor que conversou com dois "mortos" ilustres, Swedenborg conversava com os "mortos".

Um século depois, diria Allan Kardec[20]:

"(...) Achando madura a Humanidade para penetrar o mistério do seu destino e contemplar, a sangue-frio, novas maravilhas, permitiu Deus fosse erguido o véu que ocultava o mundo invisível ao mundo visível. Nada têm de extra-humanas as manifestações; é a Humanidade espiritual que vem conversar com a Humanidade corporal.

Os resultados da revelação nova vieram encher o vácuo que a incredulidade cavara, levantar os ânimos abatidos pela dúvida ou pela perspectiva do nada e imprimir a todas as coisas uma razão de ser.

---

20 - KARDEC, Allan. *A Gênese*. 43.ed. Rio [de Janeiro]: FEB, 2003, cap. I.

Nem só, entretanto, à vida futura dizem respeito os frutos que o homem deve colher dela. Ele os saboreará na Terra, pela transformação que estas novas crenças hão de necessariamente operar no seu caráter, nos seus gostos, nas suas tendências e, por conseguinte, nos hábitos e nas relações sociais."

10

LIGEIRO EXAME DO FENÔMENO MEDIÚNICO

Manoel Philomeno de Miranda/Divaldo Franco

O fenômeno mediúnico, para expressar-se com segurança, exige toda a complexidade do mecanismo fisiopsíquico do homem que a ele se entrega, assim como da perfeita identificação vibratória do seu comunicante.

Para o desiderato, o perispírito do encarnado exterioriza-se em um campo mais amplo, captando as vibrações do ser que se lhe acerca, por sua vez igualmente ampliado, graças a cuja sutileza interpenetram-se, transmitindo reciprocamente os seus conteúdos de energia, no que resulta o fenômeno equilibrado.

Às vezes, a comunicação espiritual dá-se automaticamente, produzindo o fato mediúnico, ora por violenta injunção obsessiva e, em oportunidades outras, por afinidades profundas, quando a ocorrência é elevada. Seja, porém, como for, sem o contributo e a ação do perispírito, o tentame não se torna efetivo. Desse modo, o conhecimento das propriedades do perispírito é de vital importância para quantos desejam exercitar a mediunidade, colocando-a a serviço dos ideais enobrecedores.

Penetrabilidade, elasticidade, fluidez, materialização, depósito das memórias passadas, entre outras, oferecem compreensão e recurso para melhor movimentação dessas características, algumas das quais são imprescindíveis para a execução das tarefas, no fenômeno do intercâmbio espiritual.

A fixação da mente, por meio da concentração, proporciona dilatação do campo perispirítico e mudança de vibração, que variam das grosseiras às mais sutis, a depender, igualmente, do comportamento moral do indivíduo.

O pensamento é o agente das reações psíquicas e físicas, sem o que os automatismos desordenados levam aos desequilíbrios e aos fenômenos mediúnicos perturbadores, que respondem pelas obsessões de variada nomenclatura, que aturdem e infelicitam milhões de criaturas invigilantes e desajustadas.

Todo fulcro de energia irradia-se em um campo que corresponde à sua área de exteriorização. Na área psicológica não podemos ignorar-lhe a presença nas criaturas, gerando as simpatias — por decorrência de afinidades vibratórias entre as pessoas que se identificam — e antipatia — que deflui do choque das ondas que se exteriorizam, portadoras de teor diferente, produzindo sensações de mal-estar.

Invisível, no entanto preponderante nos mais diversos mecanismos da vida, o campo é encontrado no fenômeno mediúnico, através de cuja irradiação é possível o intercâmbio.

Cada ser humano, encarnado ou não, vive na faixa mental que lhe é peculiar, irradiando uma vibração específica.

Quando, nas comunicações, os teores são diferentes, a fim de produzir-se a afinidade, o médium educado sintoniza com o psiquismo irradiante daquele que se vai comunicar, e se este é portador de altas cargas deletérias, demorando-se sob vibrações baixas, o *hospedeiro* permite-se delas impregnar até que, carregado dessas energias pesadas, logra envolver-se no *campo* propiciador, portanto, de igual qualidade, cedendo as funções intelectuais e orgânicas à influência do ser espiritual que passa a comandá-lo, embora sob a sua vigilância em espírito, que não se aparta, senão, parcialmente do corpo.

Em casos especiais, nos quais seres muito elevados, ou grotescos, nos extremos da escala vibratória compatível com a vida na Terra vêm se comunicar, os Mentores, que mais facilmente manipulam as energias, tornam-se os intermediários que filtram as ideias e canalizam-nas em teor mais consentâneo com o *campo* do sensitivo, ocorrendo o ditoso fenômeno da mediunidade disciplinada.

O fenômeno mediúnico, portanto, a ocorrer no *campo* de irradiação do Espírito através do perispírito, está sempre a exigir um padrão vibratório equivalente, que decorre da conduta moral, mental e espiritual de todo aquele que se lhe faça candidato.

O Codificador do Espiritismo com sabedoria afirmou que a faculdade mediúnica é simplesmente uma aptidão para servir de instrumento, mais ou menos dócil aos Espíritos em geral, e que os médiuns emprestam o organismo material que falta a estes para nos transmitirem as suas instruções.

11

IMORTALIDADE DA ALMA E COMUNICABILIDADE DOS ESPÍRITOS

(...) A mente das criaturas está tão atufada de coisas sem importância que não há lugar para as coisas importantes.

Sir Arthur Conan Doyle

"Contra fatos não há argumentos"; tal o dito popular! Pois bem, a *Imortalidade da Alma e a Comunicabilidade dos Espíritos* são fatos contra os quais não há argumentação possível. O Espiritismo é o produto palpável e visível de ambos.

Aos Estados Unidos da América do Norte e à Inglaterra competiria a revelação dessas duas realidades para o mundo. Mas, assim como a França perdeu o privilégio de ter legado ao mundo o conhecimento e a utilização da navegação a vapor, visto que os sábios da época acharam o sistema de Fulton uma arrematada utopia, os norte-americanos e os ingleses do século 19 perderam para os franceses o privilégio de tornar conhecida, à luz peregrina dos fatos e da razão, a insofismável e exuberante realidade da vida *post mortem.*

Acreditamos que o preconceito, a pressão exercida pelas doutrinas vigentes com seus dogmas medievais e a inflexibilidade do ancestral misoneísmo humano foram os três principais fatores inibitivos da eclosão das transcendentais descobertas naqueles dois países, uma vez que o corolário direto de todos eles, isolados ou conjuntamente, é mumificar o raciocínio e a razão.

Não se podia mesmo esperar outra coisa de culturas que, até o presente momento, cultuam valores monárquicos e segregacionistas, totalmente refratários àquela outra realidade chamada *Reencarnação*, palavra esta que Lázaro[21] classifica como a "segunda

21 - KARDEC, Allan. *O Evangelho Seg. o Espiritismo.* 121. ed. Rio: FEB, 2003, cap. XI.

palavra do Alfabeto Divino", vez que a primeira é a palavra *Amor.*

Dissemos que a revelação da Imortalidade da Alma e da Comunicabilidade dos Espíritos devia ser da competência da nação Norte-Americana e da Inglaterra, porque naquela aconteceram as claras evidências do episódio de Hydesville, e nesta existiu um homem notável que se celebrizou, entre outras coisas, como o criador de Sherlock Holmes: Sir Arthur Conan Doyle, que mostrou com sua verve e inteligência, ao orgulho, à fleuma e à empáfia dos ingleses a insofismável realidade do Mundo Espiritual.

Sucessivas comissões foram criadas na clara intenção de desmascarar o que chamavam de "a fraude das irmãs Fox", mas, para desagrado da expectativa dos fanáticos protestantes americanos, todas as comissões outra coisa não fizeram senão ratificar os fatos testemunhados por inúmeras pessoas de irreprochável conduta e seriedade.

Tão ostensiva era a manifestação de Charles Rosma, o mascate assassinado pela família Bell, que impossível se tornou não comprovar a realidade do *post mortem.*

Sem embargo, para desespero dos neófobos, sempre existiram, em todas as épocas da Humanidade, mentes lúcidas, flexíveis, abnegadas, de vanguarda e, por isso mesmo, totalmente refratárias aos juízos superficiais que acoroçoavam com bastante facilidade as incontestáveis verdades reveladas.

Quando a ignorância levantava a questão: "Qual o objetivo de tão estranho movimento naquela época especial, admitindo que ele seja tudo que pretenda ser?"

Eis o simples, genial e sucinto testemunho-resposta do Governador Tallmadge, ilustre senador dos Estados Unidos, que foi um dos primeiros adeptos do novo culto: "É para unir a Humanidade e convencer as mentes cépticas da Imortalidade da Alma".

Podemos acrescentar mais dois objetivos não menos importantes: *dar aos homens o conhecimento da verdade e, consequentemente, promover a melhoria espiritual da Humanidade.*

E ainda não é tudo, pois o egrégio Mestre Lionês aduz[22]:

"(...) As comunicações com os seres d'além-túmulo deram em resultado fazer-nos compreender a vida futura, fazer-nos vê-la, iniciar-nos no conhecimento das penas e gozos que nos estão reservados, de acordo com os nossos méritos e, desse modo, encaminhar para o espiritualismo os que no homem somente viam a matéria, a máquina organizada. Razão, portanto, tivemos para dizer que o Espiritismo, com os fatos, matou o materialismo. Fosse este único resultado por ele produzido e já muita gratidão lhe deveria a ordem social. Ele, porém, faz mais: mostra os inevitáveis efeitos do mal e, conseguintemente, a necessidade do bem. Muito maior do que se pensa é, e cresce todos os dias, o número daqueles em que ele há melhorado os sentimentos, neutralizado as más tendências e desviado do mal. É que para esses o futuro deixou de ser coisa imprecisa, simples esperança, por se haver tornado uma verdade que se compreende e explica, quando se veem e ouvem os que partiram lamentar-se ou felicitar-se pelo que fizeram na Terra.

Quem disso é testemunha entra a refletir e sente a necessidade de a si mesmo conhecer, julgar e emendar."

---

22 - KARDEC, Allan. *O Livro dos Espíritos.* 83. ed. Rio: FEB, 2002, conclusão, tomo VIII.

12
CARÁTER DA REVELAÇÃO ESPÍRITA
Allan Kardec[23]

"(...) Por sua natureza, a revelação espírita tem duplo caráter: participa ao mesmo tempo da revelação divina e da revelação científica. Participa da primeira, porque foi providencial o seu aparecimento e não o resultado da iniciativa, nem de um desígnio premeditado do homem; porque os pontos fundamentais da doutrina provêm do ensino que deram os Espíritos encarregados por Deus de esclarecer os homens acerca de coisas que eles ignoravam, que não podiam aprender por si mesmos e que lhes importa conhecer, hoje que estão aptos a compreendê-las.

Participa da segunda, por não ser esse ensino privilégio de indivíduo algum, mas ministrado a todos do mesmo modo; por não serem os que o transmitem e os que o recebem seres passivos, dispensados do trabalho da observação e da pesquisa, por não renunciarem ao raciocínio e ao livre-arbítrio; porque não lhes é interdito o exame, mas, ao contrário, recomendado; enfim, porque a Doutrina não foi ditada completa, nem imposta à crença cega; porque é deduzida, pelo trabalho do homem, da observação dos fatos que os Espíritos lhe põem sob os olhos e das instruções que lhe dão, instruções que ele estuda, comenta, compara, a fim de tirar ele próprio as ilações e aplicações. Numa palavra, o que caracteriza a revelação espírita é o ser divina a sua origem e da iniciativa dos Espíritos, sendo a sua elaboração fruto do trabalho do homem.

Como meio de elaboração, o Espiritismo procede exatamente da mesma forma que as ciências positivas, aplicando o método experimental. Fatos novos se apresentam, que não podem ser explicados pelas leis conhecidas; ele os observa, compara, analisa

23 - KARDEC, Allan. *A Gênese.* 43.ed. Rio [de Janeiro]: FEB, 2003, cap. I.

e, remontando dos efeitos às causas, chega à lei que os rege; depois, deduz-lhes as consequências e busca as aplicações úteis. Não estabeleceu nenhuma teoria preconcebida; assim, não apresentou como hipóteses a existência e a intervenção dos Espíritos, nem o perispírito, nem a reencarnação, nem qualquer dos princípios da Doutrina; concluiu pela existência dos Espíritos, quando essa existência ressaltou evidente da observação dos fatos, procedendo de igual maneira quanto aos outros princípios. Não foram os fatos que vieram a *posteriori* confirmar a teoria: a teoria é que veio subsequentemente explicar e resumir os fatos. É, pois, rigorosamente exato dizer-se que o Espiritismo é uma ciência de observação e não produto da imaginação. As ciências só fizeram progressos importantes depois que seus estudos se basearam sobre o método experimental; até então, acreditou-se que esse método também só era aplicável à matéria, ao passo que o é também às coisas metafísicas.

(...) O Espiritismo, partindo das próprias palavras do Cristo, como este partiu das de Moisés, é consequência direta da Sua Doutrina. À ideia vaga da vida futura, acrescenta a revelação da existência do mundo invisível que nos rodela e povoa o espaço, e com isso precisa a crença, dá-lhe um corpo, uma consistência, uma realidade à ideia. Define os laços que unem a alma ao corpo e levanta o véu que ocultava aos homens os mistérios do nascimento e da morte. Pelo Espiritismo, o homem sabe donde vem, para onde vai, por que está na Terra, por que sofre temporariamente e vê por toda parte a justiça de Deus. Sabe que a alma progride incessantemente, através de uma série de existências sucessivas, até atingir o grau de perfeição que a aproxima de Deus. Sabe que todas as almas, tendo um mesmo ponto de origem, são criadas iguais, com idêntica aptidão para progredir, em virtude do seu livre-arbítrio; que todas são da mesma essência e que não há entre elas diferença, senão quanto ao progresso realizado; que todas têm o mesmo destino e alcançarão a mesma meta, mais ou menos rapidamente, pelo trabalho e boa vontade.

(...) Pelas relações que hoje pode estabelecer com aqueles que deixaram a Terra, possui o homem não só a prova material da existência e da individualidade da alma, como também compreende a solidariedade que liga os vivos aos mortos deste mundo e os deste mundo aos dos outros planetas.

Conhece a situação deles no mundo dos Espíritos, acompanha em suas migrações, aprecia-lhes as alegrias e as penas; sabe a razão por que são felizes ou infelizes e a sorte que lhes está reservada, conforme o bem ou o mal que fizerem. Essas relações iniciam o homem na vida futura, que ele pode observar em todas as suas fases, em todas as suas peripécias; o futuro já não é uma vaga esperança: é um fato positivo, uma certeza matemática. Desde então, a morte nada mais tem de aterrador, por lhe ser a libertação, a porta da verdadeira vida.

(...) O Espiritismo experimental estudou as propriedades dos fluidos espirituais e a ação deles sobre a matéria. Demonstrou a existência do perispírito, suspeitado desde a antiguidade e designado por Paulo, o nobre Vidente de Damasco, sob o nome de corpo espiritual, isto é, corpo fluídico da alma, depois da destruição do corpo tangível. Sabe-se hoje que esse invólucro é inseparável da alma, forma um dos elementos constitutivos do ser humano, é o veículo da transmissão do pensamento e, durante a vida do corpo, serve de laço entre o Espírito e a matéria. O perispírito representa importantíssimo papel no organismo e numa multidão de afecções, que se ligam à fisiologia, assim como à psicologia.

O PAPEL DO PERISPÍRITO NA PRODUÇÃO DOS FENÔMENOS[24]

O estudo das propriedades do perispírito, dos fluidos espirituais e dos atributos fisiológicos da alma abre novos horizontes à Ciência e dá a chave de uma multidão de fenômenos incompre-

24 - Nota do autor: Para maiores esclarecimentos sobre o Perispírito vide capítulo 27.

endidos até então, por falta de conhecimento da lei que os rege — fenômenos negados pelo materialismo, por se prenderem à espiritualidade, e qualificados como milagres ou sortilégios por outras crenças.

Tais são, entre muitos, os fenômenos da vista dupla, da visão a distância, do sonambulismo natural e artificial, dos efeitos psíquicos da catalepsia e da letargia, da presciência, dos pressentimentos, das aparições, das transfigurações, da transmissão do pensamento, da fascinação, das curas instantâneas, das obsessões e possessões, etc. Demonstrando que esses fenômenos repousam em leis naturais, como os fenômenos elétricos, e em que condições normais se podem reproduzir, o Espiritismo derroca o império do maravilhoso e do sobrenatural e, conseguintemente, a fonte da maior parte das superstições. Se faz se creia na possibilidade de certas coisas consideradas por alguns como quiméricas, também impede que se creia em muitas outras, das quais ele demonstra a impossibilidade e a irracionalidade.

(...) Um último caráter da revelação espírita, a ressaltar das condições mesmas em que ela se produz, é que, apoiando-se em fatos, tem que ser, e não pode deixar de ser, essencialmente progressiva, como todas as ciências de observação. Pela sua substância, alia-se à Ciência que, sendo a exposição das leis da Natureza, com relação a certa ordem de fatos, não pode ser contrária às leis de Deus, Autor daquelas leis. As descobertas que a Ciência realiza, longe de O rebaixarem, glorificam a Deus; unicamente destroem o que os homens edificaram sobre as falsas ideias que formaram de Deus.

O Espiritismo, pois, não estabelece como princípio absoluto senão o que se acha evidentemente demonstrado, ou o que ressalta logicamente da observação. Entendendo com todos os ramos da economia social, aos quais dá o apoio das suas próprias descobertas, assimilará sempre todas as doutrinas progressivas, de qualquer ordem que sejam desde que hajam assumido o estado de verdades práticas e abandonado o domínio da utopia, sem o que ele se suicidaria.

Deixando de ser o que é, mentiria à sua origem e ao seu fim providencial. Caminhando de par com o progresso, o Espiritismo jamais será ultrapassado, porque, se novas descobertas lhe demonstrassem estar em erro acerca de um ponto qualquer, ele se modificaria nesse ponto. Se uma verdade nova se revelar, ele a aceitará."

13

FENÔMENOS E LIVROS

Emmanuel[25]

Fenômenos mediúnicos existem na gênese de todas as religiões, mas desaparecem, à maneira de fogo-fátuo, no raio circunscrito da hora em que se exprimem. Contudo, os livros que nascem deles permanecem, por tempo indeterminado, nos horizontes do espírito.

Há quem sorria ironicamente, diante da narrativa hindu, na qual Arjuna, espantado, observa as sublimes manifestações de Krisna; entretanto, nos poemas do Bagavat-Gitá palpitam cânticos imperecíveis das mais altas virtudes.

Há quem descreia da História, quando afirma que Zoroastro recolheu ensinamentos de Ormuzd (Espírito), nas eminências do Albordjeh; no entanto, as páginas do Zend-Avesta gravam com mestria a luta do bem contra o mal.

Há quem discuta a impossibilidade de haver Moisés revelado tantos poderes, à frente dos egípcios assombrados, mas o código de mandamentos por ele recebido de Jeová, no cimo do monte, é seguro alicerce aos preceitos essenciais da justiça.

Há quem veja loucura na decisão de Sidarta, ao abandonar o suntuoso palácio paterno, sob a inspiração da Esfera Superior, a fim de consagrar-se aos infelizes; todavia, as lições guardadas por seus discípulos formam o venerável caminho budista do pensamento reto.

Há quem duvide dos fatos admiráveis que cercaram, na Terra, a presença do Cristo, relacionando acontecimentos medianímicos cuja legitimidade desafia todas as exigências da metapsíquica e da

---

25 - XAVIER, F. Cândido. *Seara dos Médiuns*. 11. ed. Rio de Janeiro: FEB, 1998, p.p. 87-88.

parapsicologia contemporâneas; entretanto, o Evangelho continua sendo o Livro Divino da Humanidade...

Há quem ainda lance sarcasmo sobre os médiuns da atualidade, mas os livros basilares de Allan Kardec prosseguem como sólidos fundamentos da Doutrina Espírita, que atualiza agora as revelações do Mestre dos mestres.

Como é fácil observar, os fenômenos mediúnicos representam a ostreira das interrogações e dos experimentos humanos. O livro edificante, contudo, é a pérola que passa a guarnecer o tesouro crescente da sabedoria que nunca morre.

Eduquemos, assim, a mediunidade, entre nós, para que ela possa surpreender e fixar a emoção e a ideia, a palavra e o trabalho dos mensageiros que supervisionam e conduzem o aperfeiçoamento terrestre, porque, em verdade, nesse ou naquele documentário, o livro é o comando mágico das multidões e só o livro nobre, que esclarece a inteligência e ilumina a razão, será capaz de vencer as trevas do mundo.

14
EDUCAÇÃO E FUNÇÃO DOS MÉDIUNS
Léon Denis[26]

Nada verdadeiramente importante se adquire sem trabalho...

Uma lenta e laboriosa iniciação se impõe aos que buscam os bens superiores. Como todas as coisas, a formação e o exercício da mediunidade encontram dificuldades, bastantes vezes já assinaladas; convém insistirmos nisso, a fim de prevenir os médiuns contra as falsas interpretações, contra as causas de erro e de desânimo.

Desde que, por um trabalho preparatório, as faculdades do médium adquirem certa flexibilidade, os resultados que se começam a obter são quase sempre devidos às relações estabelecidas com os elementos inferiores do mundo invisível. Uma multidão de Espíritos nos cerca, sempre ávidos de se comunicarem com os homens. Essa multidão é sobretudo composta de almas pouco adiantadas, de Espíritos levianos, algumas vezes maus, que a densidade de seus próprios fluidos conserva presos à Terra. As inteligências elevadas, animadas de nobres aspirações, revestidas de fluidos sutis, não permanecem escravizadas à nossa atmosfera depois da separação carnal: remontam mais alto, a regiões que o seu grau de adiantamento lhes indica. Daí baixam muitas vezes — é certo — para velar pelos seres que lhes são caros; imiscuem-se conosco, mas unicamente para um fim útil e em casos importantes, donde resulta que os principiantes quase nunca obtêm senão comunicações sem valor, respostas chocarreiras, triviais, às vezes inconvenientes, que os impacientam e desanimam.

Noutros casos o médium inexperiente recebe ditados subscritos por nomes célebres, contendo revelações apócrifas que lhe

26 - DENIS, Léon. *No Invisível.* 19. ed. Rio de Janeiro: FEB, 2000, 1ª parte, cap. V.

captam a confiança e o enchem de entusiasmo. O inspirador invisível, conhecendo-lhe os lados vulneráveis, lisonjeia-lhe o amor-próprio e as opiniões, superexcita-lhe a vaidade, cumulando-o de elogios e prometendo-lhe maravilhas. Pouco a pouco o vai desviando de qualquer outra influência, de todo exame esclarecido e o leva a se insular em seus trabalhos. É o começo de uma obsessão, de um domínio exclusivista, que pode conduzir o médium a deploráveis resultados.

Esses perigos foram, desde os primórdios do Espiritismo, assinalados por Allan Kardec; todos os dias, estamos ainda vendo médiuns deixarem-se levar pelas sugestões de Espíritos embusteiros e serem vítimas de mistificações que os tornam ridículos e vêm a recair sobre a causa que eles julgam servir.

Muitas decepções e dissabores seriam evitados se se compreendesse que a mediunidade percorre fases sucessivas, e que, no período inicial de desenvolvimento, o médium é sobretudo assistido por Espíritos de ordem inferior, cujos fluidos, ainda impregnados de matéria, se adaptam melhor aos seus e são apropriados a esse trabalho de bosquejo, mais ou menos prolongado, a que toda faculdade está sujeita. Só mais tarde, quando a faculdade mediúnica, suficientemente desenvolvida, adquiriu a necessária maleabilidade, e se tornou dúctil o instrumento, é que os Espíritos elevados podem intervir e utilizá-la para um fim moral e intelectual.

O período de exercício, de trabalho preparatório, tão fértil muitas vezes em manifestações grosseiras e mistificações, é, pois, uma fase normal de desenvolvimento da mediunidade; é uma escola em que a nossa paciência e discernimento se exercitam, em que aprendemos a nos familiarizar com o modo de agir dos habitantes do Além. Nessa fase de prova e de estudo elementar, deve sempre o médium estar de sobreaviso e nunca se afastar de uma prudente reserva. Cumpre-lhe evitar cuidadosamente as questões ociosas ou interesseiras, os gracejos, tudo em suma que reveste caráter frívolo e atrai os Espíritos levianos.

É preciso não se deixar esmorecer pela mediocridade dos primeiros resultados, pela abstenção e aparente indiferença dos nossos Amigos do Espaço.

Médiuns principiantes, ficai certos de que alguém vela por vós e de que a vossa perseverança é posta à prova! Quando houverdes chegado ao ponto requerido, influências mais altas chegarão a vós e hão de continuar a vossa educação psíquica.

Não procureis na mediunidade um objetivo de mera curiosidade ou de simples diversão; considerai-a de preferência um dom do Céu, algo sagrado, que deveis utilizar com respeito, para o bem de vossos semelhantes. Elevai o pensamento às Almas generosas que trabalham no progresso da Humanidade; elas virão a vós e vos hão de amparar e proteger. Graças a elas, as dificuldades do começo, as inevitáveis decepções que experimentareis não terão desagradáveis consequências; servirão para vos esclarecer a razão e vos desenvolver as forças fluídicas.

A boa mediunidade se forma lentamente, no estudo calmo, silencioso, recolhido, longe dos prazeres mundanos e do tumulto das paixões. Depois de um período de preparação e expectativa, o médium colhe o fruto de seus perseverantes esforços; recebe dos Espíritos elevados a consagração de suas faculdades, amadurecidas no santuário de sua alma, ao abrigo das sugestões do orgulho. Se guardas em seu coração a pureza de ato e de intenção, virá, com a assistência de seus guias, a se tornar cooperador utilíssimo na obra de regeneração que eles vêm realizando.

Terminada a primeira fase de desenvolvimento de suas faculdades, o importante para o médium é obter a proteção de um Espírito bom, adiantado, que o guie, inspire e preserve de qualquer perigo.

Na maior parte das vezes é um parente, um amigo desaparecido que desempenha ao pé dele essas funções. Um pai, uma mãe, uma esposa, um filho, se adquiriram a experiência e o adiantamento necessários, podem-nos dirigir no delicado exercício da mediunidade. Mas o seu poder é proporcionado ao grau de elevação a que chegaram, e nem sempre a sua ternura e solicitude bastam para nos defender das investidas dos Espíritos inferiores.

Dignos de louvor são os médiuns que, por seu desinteresse e fé profunda, têm sabido atrair, como uma espécie de aliados, os Espíritos de escol, e participar de sua missão. Para fazer baixar das excelsas regiões esses Espíritos, é preciso oferecer-lhes aptidões, notáveis qualidades... Seu ardente desejo de trabalhar na regeneração do gênero humano torna, entretanto, essa intervenção muito menos rara do que se poderia imaginar. Centenas de Espíritos superiores pairam acima de nós e dirigem o movimento espiritualista, inspirando os médiuns, projetando sobre os homens de ação as vibrações de sua vontade, a fulguração do seu próprio gênio.

Conheço vários grupos que possuem uma assistência dessa ordem. Pela pena, pelos lábios dos médiuns, os Espíritos-guias ditam instruções, fazem ouvir exortações; e não obstante as imperfeições do meio e as obscuridades que lhes amortecem e velam as irradiações do pensamento, é sempre um penetrante enlevo, um gozo d'Alma, um gratíssimo conforto saborear a beleza de seus pensamentos escritos, escutar as inflexões de sua palavra, que nos vem como longínquo e mavioso eco das regiões celestes.

A descida ao nosso mundo terrestre é um ato de abnegação e um motivo de sofrimento para o Espírito elevado. Nunca seriam demasiados a nossa admiração e reconhecimento à generosidade dessas Almas, que não recuam diante do contato dos fluidos grosseiros, à semelhança dessas nobres damas, delicadas, sensitivas, que, ao impulso da caridade, penetram em lugares repugnantes, para levar socorros e consolações.

(...) Em todo ser humano existem rudimentos de mediunidade, faculdades em gérmen, que se pode desenvolver pelo exercício.

Para o maior número, um longo trabalho perseverante é necessário. Em alguns essas faculdades se revelam desde a infância, e sem esforço vêm a atingir, com os anos, um alto grau de perfeição. Representam em tal caso o resultado das aquisições anteriores, o fruto dos labores efetuados na Terra ou no Espaço, fruto que conosco, ao renascer, trazemos.

Entre os sensitivos, muitos têm a intuição de um mundo superior, extraterrestre, em que existem, como em reserva, poderes que lhes é possível adquirir mediante íntima comunhão e elevadas aspirações, para em seguida os manifestarem sob diversas formas, apropriadas à sua natureza: previsões, ensinamentos, ação curativa, etc. Aplicada em tal sentido, a mediunidade torna-se uma faculdade preciosa, por meio da qual podem ser liberalizados imensos benefícios e realizadas grandes obras.

À Humanidade seria facultado um poderoso elemento de renovação, se todos compreendessem que há, acima de nós, um inesgotável manancial de energia, de vida espiritual, que se pode atingir por gradativo adestramento, por constante orientação do pensamento e da vontade no sentido de assimilar as suas ondas e radiações, e com o seu auxílio desenvolver as faculdades que em nós jazem latentes. A aquisição dessas forças nos abroquela contra o mal, nos coloca acima dos conflitos materiais e nos torna mais firmes no cumprimento do dever. Nenhum dentre os bens terrenos é comparável à posse desses dons. Sublimados a seu mais alto grau, fazem os grandes missionários, os renovadores, os grandes inspirados.

Como podemos adquirir esses poderes, essas faculdades superiores? Descerrando nossa alma, pela vontade e pela prece, às influências do Alto. Do mesmo modo que abrimos as portas da nossa casa, para que nela penetrem os raios do Sol, assim também por nossos impulsos e aspirações podemos franquear aos eflúvios celestes o nosso "ego" interior. É aí que se manifesta a ação benéfica e salutar da prece! Pela prece humilde, breve, fervorosa, a alma se dilata e dá acesso às irradiações do Divino Foco. A prece, para ser eficaz, não deve ser uma recitação banal, uma fórmula decorada, senão antes uma solicitação do coração, um ato da vontade, que atrai o fluido universal, as vibrações do dinamismo divino.

A prece rasga uma vereda fluídica pela qual sobem as almas humanas e baixam as almas superiores, de tal modo que uma íntima comunhão se estabeleça entre umas e outras, e o espírito do homem seja iluminado e fortalecido pelas centelhas e energias despedidas das Celestiais Esferas.

Em Espiritismo, a questão de educação e adestramento dos médiuns é capital; os bons médiuns são raros — diz-se — muitas vezes, e a ciência do invisível, privada de meios de ação, só com muita lentidão vem a progredir.

Quantas faculdades preciosas, todavia, não se perdem, à míngua de atenção e de cultura! Quantas mediunidades malbaratadas em frívolas experiências, ou que, utilizadas ao sabor do capricho, não atraem mais que perniciosas influências e só maus frutos produzem! Quantos médiuns, inconscientes de seu ministério e do valor do dom que lhes é outorgado, deixam inutilizadas forças capazes de contribuir para a obra de renovação!

A mediunidade é uma delicada flor que, para desabrochar, necessita de acuradas precauções e assíduos cuidados. Exige o método, a paciência, as altas aspirações, os sentimentos nobres, e, sobretudo, a terna solicitude do bom Espírito que a envolve em seu amor, em seus fluidos vivificantes. Quase sempre, porém, querem fazê-la produzir frutos prematuros, e desde logo se estiola e fana ao contacto dos Espíritos atrasados.

Na antiguidade, os jovens sensitivos que revelavam aptidões especiais eram retirados do mundo, segregados de toda influência degradante, em lugares consagrados ao culto, rodeados de tudo o que lhes pudesse elevar o sentido do belo. Tais eram as vestais, as druidesas, as sibilas...

O mesmo acontecia nas escolas de profetas e videntes da Judeia, situadas longe do ruído das cidades. No silêncio do deserto, na paz dos cimos, melhor podiam os iniciados atrair as influências superiores e interrogar o Invisível. Graças a essa educação, obtinham-se resultados que a nós nos surpreendem. Mas tais processos são hoje inaplicáveis. As exigências sociais nem sempre permitem ao médium dedicar-se, como conviria, ao cultivo de suas faculdades. Sua atenção é distraída pelas mil necessidades da vida de família, suas aspirações estorvadas pelo contacto da sociedade mais ou menos corrompida ou frívola. Muitas vezes é ele chamado a exercer suas aptidões em círculos impregnados de fluidos impuros, de inarmônicas vibrações, que reagem sobre o seu organismo tão impressionável e lhe produzem desordens e perturbações.

É preciso que, ao menos, o médium, compenetrado da utilidade e grandeza de sua função, se aplique a aumentar seus conhecimentos e procure espiritualizar-se o mais possível, que se reserve horas de recolhimento e tente então, pela visão interior, alçar-se até às coisas divinas, à eterna e perfeita beleza.

Quanto mais desenvolvidos forem nele o saber, a inteligência, a moralidade, mais apto se tornará para servir de intermediário às grandes almas do Espaço. O importante para o médium é assegurar-se uma proteção eficaz. O auxílio do Alto é sempre proporcionado ao fim que nos propomos, aos esforços que empregamos para merecê-lo.

Somos auxiliados, amparados, conforme a importância das missões que nos incumbem, tendo-se em vista o interesse geral. Essas missões são acompanhadas de provas, de dificuldades inevitáveis, mas sempre reguladas conforme as nossas forças e aptidões.

Desempenhadas com dedicação, com abnegação, as nossas tarefas nos elevam na hierarquia das almas. Negligenciadas, esquecidas, não realizadas, nos fazem retrotrair a escala de progresso. Todas acarretam responsabilidades. Desde o pai de família que incute em seus filhinhos as noções elementares do bem, o preceptor da mocidade, o escritor moralista, até o orador que procura arrebatar as multidões às culminâncias do pensamento, cada um tem sua missão a preencher...

Não há mais nobre, mais elevado cargo que ser chamado a propagar, sob a inspiração das Potências Invisíveis, a verdade pelo mundo, a fazer ouvir aos homens o atenuado eco dos divinos convites, incitando-os à luz e à perfeição. Tal é o papel da alta mediunidade!

Falamos de *responsabilidade*. É necessário insistir sobre esse ponto. Muitos médiuns procuram, no exercício de suas faculdades, satisfações de amor-próprio ou de interesse. Descuram de fazer intervir em sua obra esse sentimento grave, refletido, quase religioso, que é uma das condições de êxito. Esquecem muitas vezes que a mediunidade é um dos meios de ação pelo qual se executa o plano divino, e que ele não tem o direito de utilizá-la ao sabor de sua fantasia.

Enquanto se não tiverem compenetrado os médiuns da importância de sua função e da extensão de seus deveres, haverá no exercício de suas faculdades uma fonte de abusos e de males. Os dons psíquicos, desviados de seu eminente objetivo, utilizados para fins de interesses medíocres, pessoais e táteis, revertem contra os seus possuidores, atraindo-lhes, em lugar dos gênios tutelares, as potências malfazejas do Além. Assim, fora das condições de elevação de pensamento, de moralidade e desinteresse, pode a mediunidade constituir-se um perigo; ao passo que tendo por fim firme propósito no bem, por suas aspirações ao ideal divino, o médium se impregna de fluidos purificados; uma atmosfera protetora se forma em torno dele, o envolve, o preserva dos erros e das ciladas do Invisível...

E se, por sua fé e comprovado zelo, pela pureza d'Alma em que nenhum cálculo interesseiro se insinue, obtém ele a assistência de um desses Espíritos de luz, depositários dos segredos do Espaço, que pairam acima de nós e projetam sobre a nossa fraqueza as suas irradiações; se esse Espírito se constitui seu protetor, seu guia, seu amigo, graças a ele sentirá o médium uma força desconhecida penetrar-lhe todo o ser, uma chama a lhe iluminar a fronte. Todos quantos tomarem parte em seus trabalhos, e colherem os seus resultados, sentirão reanimar-se-lhes o coração.

15
INEXAURÍVEL LABORATÓRIO DE OBSERVAÇÕES

(...) Arrebentando as lápides tumulares, as Vozes do Infinito desparzem
luzes de esperança sensibilizando os que ainda se agitam nas vielas e
espinheirais terrenos rogando orientação e arrimo para os próprios passos.
Camilo[27]

Quando o Mestre Lionês tratou[28] do assunto referente às reuniões nas Sociedades Espíritas, ele ofereceu-nos importantíssimas instruções para todos os que — pretendendo instruir-se adequadamente — lançam as sondas da perquirição e do estudo no intricado e complexo Mundo Espiritual.

Sob pena de sofrermos revezes de variada ordem, jamais poderemos fazer incursões na área da comunicabilidade com os Espíritos sem uma firme bagagem doutrinária sedimentada em extenuantes estudos dos livros básicos, em especial de *O Livro dos Espíritos* e *O Livro dos Médiuns;* isto sem falar nas inúmeras obras subsidiárias sérias da lavra de André Luiz, Manoel Philomeno de Miranda, Dr. Bezerra de Menezes, Yvonne do Amaral Pereira e outros luminares das letras espíritas encarnados e desencarnados...

O Espiritismo prático está inçado de escolhos e cardos ferintes. Para sobrepormo-nos a eles, tal estudo torna-se vital, indispensável mesmo...

Inicialmente, há que se examinar, com muito cuidado as condições dos encarnados que formarão a equipe para o intercâmbio

---

27 - TEIXEIRA, Raul. *Vozes do Infinito.* Niterói: FRATER, 1991, p. 8.

28 - KARDEC, Allan. *O Livro dos Médiuns.* 71. ed. Rio: FEB, 2003, 2ª. Parte, cap. XXIX.

mediúnico. Segundo Kardec, eles terão que preencher algumas condições básicas indispensáveis, quais sejam[29]: "(...) Perfeita comunhão de vistas entre os membros; cordialidade recíproca entre todos; ausência de todo sentimento contrário à verdadeira caridade cristã; um único desejo: o de se instruírem e melhorarem por meio dos ensinos dos Espíritos e do aproveitamento de seus conselhos.

Quem esteja persuadido de que os Espíritos superiores se manifestam com o fito de nos fazerem progredir, e não para nos divertirem, compreenderá que eles necessariamente se afastam dos que se limitam a lhes admirar o estilo, sem nenhum proveito tirar daí, e que só se interessam pelas sessões, de acordo com o maior ou menor atrativo que lhes oferecem, segundo os gostos particulares de cada um deles; exclusão de tudo o que, nas comunicações pedidas aos Espíritos, apenas exprima o desejo de satisfação da curiosidade; recolhimento e silêncio respeitosos, durante as confabulações com os Espíritos; união de todos os assistentes, pelo pensamento, ao apelo feito aos Espíritos que sejam evocados; concurso dos médiuns da assembleia, com isenção de todo sentimento de orgulho, de amor-próprio e de supremacia e com o só desejo de serem úteis."

A motivação que impulsiona os integrantes da equipe não pode estar mesclada de vãs curiosidades e sim plena de intenções claras e objetivas de se esclarecerem e auxiliar aos necessitados de ambos os planos da vida.

Ensina Léon Denis[30]: "(...) À união de pensamentos é necessário acrescentar a união de corações. Quando reina antipatia entre os membros de um grupo, a ação dos Espíritos elevados se enfraquece e aniquila. Para obter sua intervenção assídua é preciso que

---

29 - KARDEC, Allan. *O Livro dos Médiuns.* 71. ed. Rio: FEB, 2003, 2ª parte, cap. XXIX, 341.

30 - DENIS, Léon. *No Invisível.* 19. ed. Rio [de Janeiro]: 2000, 1ª parte cap. IX.

a harmonia moral, mãe da harmonia fluídica, se estabeleça nos corações, e que todos os adeptos se sintam na conjunção de esforços por alcançar um objetivo comum, ligados por um sentimento de benévola cordialidade.

A limitação do número dos integrantes da equipe é algo que também não pode ser descurado, a fim de evitar-se a intromissão de elementos heterogêneos que levariam as reuniões a resultados pouco proveitosos.

Os grupos pouco numerosos e de composição homogênea são os que reúnem as maiores probabilidades de êxito. Se já é difícil harmonizar as vibrações de cinco ou seis pessoas entre si e os fluidos do Espírito, evidentemente as dificuldades aumentam com o número de assistentes. É prudente não exceder o limite de dez ou doze pessoas de um ou outro sexo."

Por fim a meditação e aprofundados estudos das comunicações dos Espíritos são fontes inesgotáveis de assuntos e constituir-se-ão em meios de instrução para os integrantes das equipes socorristas.

Blaise Pascal dá o seguinte recado para os médiuns[31]:

"(...) Que dentre vós, o médium que não se sinta com forças para perseverar no ensino espírita, se abstenha; porquanto não fazendo proveitosa a luz que ilumina, será menos escusável do que outro qualquer e terá que expiar sua cegueira."

Aí estão os pontos que devem merecer a atenção dos grupos realmente sérios, dos que mais cuidam de instruir-se do que de achar um passatempo.

31 - KARDEC, Allan. *O Livro dos Médiuns.* 71. ed. Rio: FEB, 2003, 2ª parte, cap. XXI, item 13.

16

INTERCÂMBIO MEDIÚNICO E PRUDÊNCIA

Orson Peter Carrara

Tema sempre presente nas questões do intercâmbio com os Espíritos é o fato da identidade dos comunicantes.

Jamais podemos perder de vista a cuidadosa exortação de João: "Experimentai se os Espíritos são de Deus".

Os grupos mediúnicos precisam estar atentos às investidas dos Espíritos inimigos do Espiritismo, que costumam se insinuar muito dissimuladamente para causar embaraços de vária ordem.

Outra ordem de Espíritos extremamente perniciosos são os pseudossábios, ainda empolgados com a própria ilusão. Espanta-nos o raciocínio pensar que, com tanto material a estudar e pesquisar, ainda se perca tempo para tudo buscar de Espíritos nem sempre confiáveis, em grupos que se perdem em intercâmbios frívolos.

Ora, o homem tem que formar sua própria consciência, lutar por si mesmo. É claro que contará com a ajuda dos Benfeitores, que nunca nos abandonam, mas o esforço pessoal de crescimento jamais poderá ser dispensado. Achar que os Espíritos farão por nós o que temos que fazer é ilusão barata. Ou buscá-los a todo instante para perguntas pueris e trivialidades do cotidiano é no mínimo infantil. Os Espíritos estão ocupados com afazeres mais importantes que dar atenção às nossas infantilidades.

Isso não invalida o valor extraordinário das reuniões mediúnicas de socorro e aprendizado, vibrações e amparo, estudo e trabalho. Elas são imprescindíveis, mas não podem ser transformadas em consultórios de petitórios sem fim. Sua finalidade é outra. Uma reunião mediúnica espírita, séria, tem outros valores a cuidar. E isso está bem definido nas funções e atividades de um Centro Espírita.

O que nos preocupa, isto sim, é a multiplicação de grupos mediúnicos caseiros, nem sempre comprometidos com a Causa Espírita. O que se busca é o mero contato com os Espíritos, sem outras responsabilidades com a Causa do Evangelho, para os intercâmbios em causa própria, verdadeiros redutos para os Espíritos impostores, que sempre encontram em nossos desequilíbrios as portas abertas para se aproveitarem e enganarem à vontade. Isso dizemos, pois que nem sempre conseguimos manter nossas casas protegidas com o valor da prece, da vigilância e da harmonia...

Se no Centro Espírita, o desafio já é enorme, imagine nos lares, onde todo tipo de onda mental está presente, especialmente com as trazidas pelas notícias e novelas, deprimentes e estimuladoras de ideias nem sempre nobres.

Por tudo isso, a prudência espírita vem de encontro, para prevenir, ensinar, explicar...

Uma vez mais, o estudo da Doutrina Espírita transparece com toda clareza. Não nos iludamos. O intercâmbio com os Espíritos é algo sério, exige responsabilidade e conhecimento. Em todos os casos a palavra é: discernimento, bom senso.

17

INICIAÇÃO MEDIÚNICA

Odilon Fernandes [32]

... que aprendem sempre e jamais podem chegar ao conhecimento da Verdade. Paulo. (2 Timóteo, 3:7.)

(...) São muitos os medianeiros que detêm excelente conhecimento teórico da mediunidade, mas, em sua prática, evidenciam limitações...

Na prática mediúnica, existe algo que ninguém consegue transmitir: A vivência do médium, que é intransferível.

Alicerçando-se em princípios básicos, que não se alteram, em cada medianeiro a mesma faculdade medianímica se apresenta com características próprias. Basicamente, por exemplo, o transe na psicofonia acontecerá de modo idêntico para dois médiuns diferentes, no entanto em cada um deles apresentará nuanças e tonalidades que têm a ver com o psiquismo individual.

Voltemos à asserção de Paulo em sua segunda carta ao jovem discípulo. O médium que não procura aprender com a sua e com a experiência dos companheiros mais vividos na mediunidade, prende-se excessivamente à técnica, desconhecendo que sintonia mediúnica não se baseia em regras rígidas. Sem uma certa flexibilidade, o exercício de qualquer faculdade mediúnica perderia o encanto da espontaneidade.

Para se iniciar, com segurança, mediunicamente, o candidato a médium não deve se isolar, entendendo mediunidade como uma ausculta da necessidade alheia. De suas percepções da

---

32 - BACCELLI, C. A. *No mundo da Mediunidade*. 2. ed. Uberaba: LEEPP, 2002, cap. 26.

realidade social em torno é que as suas faculdades emergirão, oferecendo campo de trabalho para os Espíritos que a ele procuram se associar.

Sem que o médium tome a iniciativa de dilatar as suas percepções, permitindo que desabrochem como as pétalas de uma flor à luz do Sol — captando a mensagem inarticulada da vida e sabendo traduzi-las —, as suas faculdades medianímicas não se expressarão com todo o potencial.

Para ser completo, o médium há de ser intérprete da palavra e da emoção; caso contrário, ele apenas se assemelhará a um tradutor de idiomas fazendo a vez de um dicionário.

Assim como são poucas as mentes abertas para o conhecimento da verdade, são poucos os companheiros espíritas que compreendem o espírito da Doutrina e o assimilam.

Quem melhor conhece o Espiritismo não é quem dele possua a mais ampla e rica biblioteca ou esteja em sua militância há mais tempo, mas, sim, aquele que se lhe engaja nas atividades, doutrinárias e assistenciais, entendendo que a sua maior contribuição a ele será a de sua própria renovação.

18

COMPROMISSO MEDIÚNICO

André Luiz Rabello[33]

Nos últimos tempos, pode-se ver um aumento considerável de obras espíritas sobre o exercício correto da mediunidade. Este quadro aponta, incontestavelmente, para uma preocupação crescente por parte da Espiritualidade superior pela maneira como a atividade mediúnica está sendo executada por nós, os médiuns da Terra.

Essa apreensão de nossos estimados Mentores Espirituais infelizmente tem fundamento, pois a leitura desses livros mostra claramente os desvios morais e emocionais que boa parte daqueles reencarnados com a tarefa da mediunidade trouxe em sua jornada mediúnica.

Os motivos para esta triste realidade são variáveis, mas não há dúvida de que o principal deles continua sendo a vaidade cultivada por uma parte dos médiuns, ao acreditarem que os dons mediúnicos que possuem os colocam num pedestal e que, por isso, devem ser tratados como seres superiores, postura essa reforçada pela invigilância de muitas pessoas que contribuem para que esse comportamento equivocado recrudesça, endeusando os médiuns, incentivando neles, consciente ou inconscientemente, essa atitude orgulhosa.

O conjunto desses fatos, sem dúvida alguma, faz com que esses médiuns sejam manipulados por Entidades espirituais de baixa envergadura moral e fracassem em suas tarefas, pois eles acabam vendo a mediunidade não como uma oportunidade de serviço redentor para auxílio de Espíritos infelizes, mas como uma plataforma de propaganda pessoal e um meio de projeção do ego.

---

33 - Artigo publicado na revista *O Reformador* da FEB, do mês de março de 2003.

Allan Kardec, em *O Livro dos Médiuns,* no princípio do capítulo 14, deixa bem clara a completa impropriedade dessa forma de pensamento quando afirma categoricamente: "Essa faculdade é inerente ao homem; não constitui, portanto, um privilégio exclusivo (...)". E mais adiante diz: "Pode, pois, dizer-se que todos são, mais ou menos, médiuns", esclarecendo definitivamente a todos nós que a sensibilidade é comum a todas as pessoas, embora se manifeste de formas e com intensidades diferentes em cada uma delas. Porém, isso não deve ser justificativa para se supor que existam aptidões mediúnicas superiores a outras, pois o mais importante é o bom uso que se faz dessa nobre faculdade e o quanto ela contribui para o bem do próprio médium e dos Espíritos em sofrimento a quem ele auxilia utilizando-se de sua mediunidade, e não o quanto ela chama a atenção daqueles que estão em volta, dando à pratica mediúnica um caráter exibicionista, completamente afastado das diretrizes nobres pelas quais deve sempre se conduzir.

Contamos, também, com a palavra segura de Emmanuel para confirmar a opinião do Codificador. No seu livro *Emmanuel* (o primeiro que escreveu através da mediunidade de Chico Xavier) retira os médiuns de sua posição de superioridade espiritual, ao afirmar na página 66: "Os médiuns, em sua generalidade, não são missionários na acepção comum do termo; são almas que fracassaram desastradamente, que contrariaram, sobremaneira, o curso das leis divinas, e que resgatam, sob o peso de severos compromissos e ilimitadas responsabilidades, o passado obscuro e delituoso".

Lendo essa afirmação, podemos concluir que aqueles que têm por tarefa a mediunidade são Espíritos normalmente em débitos com a Lei, como a quase totalidade daqueles reencarnados na Terra, mundo de provas e expiações, mas, devido à sua vontade de renovar-se espiritualmente, receberam uma oportunidade bendita de reparação de seus erros por meio do serviço mediúnico correto, praticado com o propósito da caridade. E esse serviço deve ser executado sem vaidade, pois Emmanuel, mais à frente, esclarece que “os médiuns não deverão encarar a mediunidade como um dom ou como um privilégio, sim como bendita possibilidade de reparar seus erros de antanho, submetendo-se, dessa forma, com humildade, aos alvitres e conselhos da verdade”.

Todavia, a realidade que vemos no meio espírita no que concerne à mediunidade é que parte dos médiuns é vítima da vaidade e do desequilíbrio emocional, não só deixando de cumprir o que prometeram no plano espiritual, como contraindo dívidas mais graves para si mesmos.

Podemos ver esse quadro doloroso em vários romances espíritas que versam sobre a mediunidade, mas, para não nos alongarmos em demasia, falaremos apenas de um deles. Esse exemplo se refere à obra *Os Mensageiros,* de André Luiz. Quando em visita ao centro de mensageiros no Ministério das Comunicações da colônia espiritual Nosso Lar, lugar esse destinado à preparação de médiuns e doutrinadores para reencarnação no planeta terrestre, André se apercebe, pela primeira vez desde sua desencarnação, do cuidado e preocupação da Espiritualidade Maior com a atividade mediúnica em nosso planeta. Todos os recursos possíveis são postos à disposição dos candidatos à mediunidade para que triunfem nos objetivos a que se propõem. Entretanto, na maior parte das vezes, esses recursos são utilizados de forma negativa, como nos mostra o instrutor Telésforo, na página 37, em preleção a esses Espíritos aspirantes a retomar o exercício mediúnico no orbe terreno e se recuperar dos antigos erros. Afirma Telésforo: “Quando o Senhor vos enviava possibilidades materiais para o necessário, regressáveis à ambição desmedida; ante o acréscimo de misericórdia do labor intensificado, agarrastes a ideia da existência cômoda; junto às experiências afetivas, preferistes os desvios sexuais; ao lado da família, voltastes à tirania doméstica.”

O inspirado orador continua dando exemplos de como aqueles ex-médiuns terrenos malbarataram as possibilidades que lhes foram oferecidas pela misericórdia de Deus, dando vazão a seus antigos vícios e defeitos, esquecendo-se das tarefas que lhes foram confiadas para sua própria redenção. E, mais adiante, os expectadores daquela sublime palestra choram de arrependimento quando o nobre Mentor cessa o uso da palavra, reconhecendo seus deslizes no pretérito. Posteriormente, André Luiz ouve depoimentos impressionantes de Espíritos pertencentes àquela escola de médiuns no mundo espiritual, que exerceram a mediunidade na Terra e que receberam de seus queridos instrutores espirituais ampla assistência e valiosos recursos para serem bem-sucedidos em seus labores mediúnicos, mas que falharam desastradamente, por não conseguirem neutralizar as influências negativas das quais foram alvo, nem domar suas más inclinações. Esses mesmos Espíritos informam o padecimento que enfrentaram em zonas espirituais inferiores logo após deixarem a vida física, devido à sua invigilância moral, tendo agora a necessidade urgente de reencarnar novamente, em situações talvez bem mais complicadas, devidas a novos compromissos morais assumidos.

Esses fatos, contados no segundo livro da série espiritual *Nosso Lar*, contudo, não podem nos levar a crer que todos aqueles que reencarnam com tarefas no campo mediúnico malogram. Muitos médiuns, mesmo cercados de dificuldades, acicatados por diversas tentações, e tendo de suplantar obstáculos imensos, conseguem ser vitoriosos, fazendo de suas mediunidades apostolados divinos.

O primeiro exemplo que vem à mente de todos nós é o do nosso querido Francisco Cândido Xavier. Mesmo tendo nascido pobre, tendo de conviver com diversas doenças e oportunidades de riqueza e fama, nunca se desviou do caminho reto, fugindo às tentações do mundo e suportando com resignação os males físicos que lhe atacavam a organização corpórea. Agindo assim, fez de sua mediunidade um instrumento perfeitamente afinado, manejado com primor pelos bons Espíritos que escreveram através de suas mãos.

Dessa forma, psicografou mais de 400 livros, exaltando o Espiritismo como o Consolador prometido por Jesus, e balsamizou o coração de milhares de pessoas que haviam "perdido" seus entes queridos, por meio de suas mais de 10.000 mensagens de Espíritos que vinham dizer a seus amados na Terra que não mais chorassem, pois eles estavam vivos e esperando ansiosos pelo reencontro na vida verdadeira.

Outro exemplo interessante a citar é o encontrado no livro *Voltei*, de Frederico Figner (irmão Jacob). Nascido na Tchecoslováquia, vindo morar no Brasil, quando adulto, Figner trabalhou ativamente pelo Espiritismo, principalmente na área da mediunidade de cura e na doutrinação.

Nos momentos que antecederam sua morte, surpreendentemente encontra dificuldades para deixar seu corpo físico, demonstrando ainda, nos seus primeiros instantes de desencarnado, certo apego à vida terrena, que acabara de se extinguir. Tempos depois, mesmo já acostumado ao clima da Erraticidade, se viu na contingência de realizar intensos estudos na colônia espiritual onde se encontrava. Além disso, teve de esforçar-se para se livrar do excesso de vaidade que ainda carregava em seu coração, o que impedia que seu perispírito irradiasse qualquer iluminação, contrastando com a luminosidade de seus excelsos companheiros.

Esse fato acabou sendo percebido por um Espírito a quem ele tentou doutrinar, em visita ao ambiente terrestre. Durante a conversa entre ambos, esse Espírito lhe lançou acusações muito fortes sobre condutas erradas praticadas por seu doutrinador fora da mesa mediúnica, não vendo nele, portanto, autoridade moral para doutrinar nenhum Espírito sofredor.

Profunda tristeza e espanto lhe causou esse acontecimento. Apenas depois de um certo tempo, através de muito estudo, paciência, observação de diversas situações, mas principalmente pela conscientização de sua pequenez espiritual, é que Figner consegue, numa ocasião na qual, indo de retorno à sua cidade espiritual após uma excursão na Terra, foi abordado por um grupo de clérigos desencarnados que começaram a lhe fazer ameaças e a proferir xingamentos em sua direção. E, orando humilde e sinceramente, pedindo proteção à Espiritualidade maior, conseguiu criar ao seu redor uma leve aura de luz arroxeada. Essa sua luminescência perispiritual fez com que aqueles Espíritos que o molestavam se assustassem e se afastassem dele. Figner, ao ver isso, ficou imensamente aliviado e feliz ao mesmo tempo, pois aquele era seu primeiro passo importante para a extirpação do orgulho que ainda reinava no âmago de seu espírito. A partir dali, prosseguiu Frederico Figner estudando, trabalhando e se aperfeiçoando cada vez mais, e hoje continua laborando em prol do Espiritismo do Brasil junto com outros valorosos Espíritos.

Analisando todos esses fatos, podemos ver que a mediunidade é uma tarefa importantíssima para aqueles que a realizam, e que deve ser tratada com a máxima responsabilidade, e não como instrumento de projeção social ou de exacerbação do orgulho. E, mesmo fora do ambiente de trabalho mediúnico, o médium deve manter uma postura evangélica em todas as ocasiões da sua vida cotidiana, pois ele não é apenas médium no centro espírita, mas sim em todos os lugares aonde vai e em todas as situações que vivencia, como expõe tão bem o instrutor Áulus no capítulo 30 do livro *Nos Domínios da Mediunidade*.

Apenas com o estudo constante, os hábitos morais dignos, a disciplina dos sentimentos, o trabalho incessante no bem, o cultivo da oração e da humildade, é que o médium conseguirá ter sucesso em sua tarefa mediúnica, afastando de si as más interferências e granjeando o amoroso apoio de seus mentores espirituais para sua caminhada, fazendo de sua mediunidade, mesmo que seja modesta, uma luz para muitos daqueles irmãos desencarnados que ainda se encontram nas sombras. E, mesmo que retorne à pátria espiritual com sua tarefa cumprida, seu trabalho nem por isso acabará, pois o progresso é incessante. Só por meio do trabalho e da dedicação ao próximo é que pouco a pouco deixaremos para trás nossos defeitos e maus hábitos, tornando-nos a cada dia melhores.

19

A MEDIUNIDADE NOS EVANGELHOS

Paulo Alves Godoy[34]

A mediunidade é um elo entre o Céu e a Terra. Médium é sinônimo de Profeta. Embora nem todos os médiuns sejam profetas, todos os profetas são médiuns.

Nas páginas dos livros dos profetas, que constituem o chamado Velho Testamento, deparamos uma série infinda de revelações propiciadas pelo Alto, para cuja implantação os antigos profetas foram dóceis instrumentos. Desnecessário é dizer que profetas como Moisés, Malaquias, Jeremias, Isaías, Elias e outros nada mais foram que medianeiros dedicados, que serviram no propósito de legar à Humanidade alguns ensinamentos importantes e suscetíveis de encaminhá-la à senda da reforma íntima.

Encontramos no Novo Testamento algumas manifestações mediúnicas ainda mais pronunciadas. São notórias as comunicações espíritas recebidas por personalidades consagradas nas páginas do Evangelho, começando por Maria de Nazaré e tendo o seu epílogo na apoteótica revelação mediúnica que é o *Apocalipse*, produzida por intermédio das faculdades portentosas do apóstolo João.

Nos quatro Evangelhos e no livro dos *Atos dos Apóstolos* existe uma sucessão de fatos mediúnicos que demonstram o papel proeminente da mediunidade no processo de revelação da doutrina cristã.

A manifestação magistral da Estrada de Damasco fez com que o odiento e implacável Saulo de Tarso se transmudasse no valoroso Paulo, o futuro apóstolo dos gentios!

Na cidade de Cesareia, o centurião Cornélio obteve efusiva revelação espírita, quando um Espírito lhe recomendou que enviasse

---

34 - GODOY, Paulo Alves. *Crônicas evangélicas.* 4. ed. S. Paulo: FEESP, 2001, cap. II.

mensageiros à procura de Simão Pedro, na cidade de Jope, para vir falar-lhe sobre a Boa Nova.

Na cidade de Jope, os Espíritos produziram retumbante fenômeno mediúnico, demonstrando ao velho apóstolo que não deveria, por mais tempo, alimentar preconceito religioso contra os gentios.

O ancião Ananias, na cidade de Damasco, recebeu em visão a Jesus, que o instruiu no sentido de procurar o futuro apóstolo dos gentios, restituindo-lhe a visão e orientando-o no caminho da verdade, ensejando seu contato com os apóstolos de Jesus. Nessa manifestação o Senhor esclareceu a Ananias que: "Ele [Paulo] é para mim o vaso escolhido, para levar o meu nome diante dos gentios, dos reis e dos filhos de Israel".

Vaso Escolhido é sinônimo de Médium Escolhido, uma vez que Paulo de Tarso se tornou realmente um fiel intérprete dos pensamentos do Senhor, conseguindo, com raro descortino, elaborar uma série de epístolas que representam autêntico subsídio para melhor compreensão dos Evangelhos.

Em Jerusalém, o jovem Estevão recebeu magistral comunicação espiritual que constituiu a sua autodefesa perante rancorosos acusadores.

Simeão também recebeu mediunicamente[35] uma revelação de transcendental importância: um Espírito lhe havia revelado que não desencarnaria sem primeiramente presenciar o advento de Jesus Cristo. Chegado o momento oportuno, foi-lhe sugerida a ideia de dirigir-se ao Templo, ali deparando com Jesus e Seus pais. Diante da confirmação dos Espíritos, por meio da sua mediunidade, de que ali estava o prometido Messias, Simeão, tomando da criança proclamou: "Agora, Senhor, despede em paz o teu servo, segundo a Tua palavra, pois os meus olhos viram a salvação". Acrescentando logo a seguir: "Eis que este é posto para queda e elevação de muitos em Israel". Deslocando-se posteriormente em direção a Maria de Nazaré, novamente tocado pelo Espírito, vati-

35 - Lucas, 2:25:32.

cinou: "(...) e uma espada trespassará também a tua própria alma, para que se manifestem os pensamentos de muitos corações", o que, obviamente, significava o sacrifício do Calvário.

As manifestações mediúnicas das quais Maria e José foram instrumentos; as revelações feitas a Isabel e Zacarias sobre o nascimento de João Batista; a transfiguração de Jesus no Alto do Monte Tabor, e a subsequente comunicação com os Espíritos de Moisés e Elias; os fenômenos mediúnicos ocorridos com o apóstolo João, na Ilha de Patmos, dos quais resultou o Apocalipse, e muitos outros fatos dessa natureza são autêntica comprovação de que a mediunidade atua incessantemente no processo de intercâmbio entre Espíritos encarnados e desencarnados.

A maior cena de desenvolvimento coletivo de médiuns nos foi propiciada no Dia de Pentecostes, narrado em Atos, (2:1-36), quando os apóstolos de Jesus passaram a falar línguas estranhas, em cumprimento à profecia de Joel: "E, nos últimos dias, acontecerá, diz Deus, que do meu Espírito derramarei sobre toda carne: e os vossos filhos e as vossas filhas profetizarão, os vossos mancebos terão visões e os vossos velhos terão sonhos".

20

A MEDIUNIDADE E SUA FUNÇÃO DESMITIFICADORA DA MORTE

Dr. Bezerra de Menezes[36]

"(...) Ao Espiritismo, com a sua estrutura ético-religiosa firmada no Evangelho de Jesus, cabe a grandiosa tarefa de diluir das mentes o pavor da morte, educando os homens sobre a maneira de encará-la, ao mesmo tempo ensinando a valorização da vida.

Ressalvadas outras finalidades expressivas, as sessões práticas ou mediúnicas do Espiritismo assumem, atualmente, a função consoladora, pelo lenir de saudades e diminuir de dores que propiciam, através do abençoado intercâmbio espiritual, não somente das Entidades Veneráveis como daquelas que sofrem, ensinando pela dor a correta vivência do amor... Mas, também, pelo facultar o retorno dos seres amados ao convívio afetuoso, pela palavra oral ou escrita, nas materializações ou nas fortes induções mentais de caráter intuitivo. Escola de bênçãos superiores, a sessão de intercâmbio é medicação para os Espíritos de ambos os lados da vida, estímulo e prova da sobrevivência.

De tempos em tempos, amiudadas vezes, surgem movimentos antimediunistas entre respeitáveis estudiosos e obreiros da Doutrina Espírita, que então sofrem inspiração negativa.

As entidades perversas, que se veem desmascaradas, desmanchadas suas tramas e conluios nefastos através da mediunidade digna, combatem, sistematicamente, esta porta de serviços, tentando cerrá-la, ora pela suspeita contumaz, ora pela desmoralização e vezes outras pela indiferença geral, desfrutando, então, esses inditosos, de área livre para o comércio infeliz que

---

36 - FRANCO, Divaldo. *Nas fronteiras da loucura.* Salvador: LEAL, 1982, p. 118.

estabelecem e o prosseguimento das ardilosas quão inclementes perseguições que promovem.

No Tabor, o Mestre, acompanhado dos discípulos amados, procedeu a memorável sessão mediúnica, quando Se transfigurou e parlamentou com Moisés e Elias totalmente, materializados, examinando questões de alta relevância ao esplendor do dia.

Logo desceu do monte, prosseguiu no mesmo clima, quando atendeu ao obsessor que atormentava um jovem, que convulsionava sob sua truculência, babando e gemendo com crises epileptiformes, ficando desmaiado e com filetes de sangue nos lábios. O Senhor repreendeu-o com a Sua autoridade e o expulsou, liberando o paciente cuja prova terminava sob as bênçãos do amor...

Ali se realizara uma perfeita fluidoterapia com o obsesso, socorro ao obsessor e um intercâmbio superior com os líderes israelitas desencamados, qual ocorre nos trabalhos espíritas práticos, sob os rígidos códigos da moral evangélica.

Inspirados, portanto, por mentes perturbadoras, ociosas, vingativas de diversas gamas, surgem companheiros ciosos da preservação do patrimônio doutrinário, investindo contra as reuniões mediúnicas.

Alguns alegam excesso de animismo, outros exageros no mediunismo, mais outros afirmam que esse período está superado e não falta quem diga serem tais serviços prejudiciais ao equilíbrio mental e emocional de pessoas nervosas, de personalidades psicopatas.

Não nos parece que estejam com razão. É verdade que o animismo medra em larga escala, cabendo, no entanto, ao estudioso da Doutrina, ao invés de coibi-lo, educar o *sujet*, fazendo-o liberar-se das impressões profundas que lhe afloram do inconsciente, nos momentos de transe, qual oportuna catarse que o auxiliará a recobrar a harmonia íntima. Outrossim, da mesma forma que muitos se afadigam em doutrinar os desencarnados, realizarão trabalho valioso doutrinando os companheiros do plano físico, portadores de mediunidade em fase atormentada.

Os chamados excessos mediúnicos não são da responsabilidade das sessões, senão da desinformação dos experimentadores e pessoas que se aventuram nas suas realizações desarmadas do conhecimento doutrinário e da vivência das suas execuções.

Por outro lado, todo o monumento doutrinário do Espiritismo foi construído mediante as incomparáveis demonstrações e pesquisas mediúnicas a que Allan Kardec procedeu, oferecendo-nos uma Obra insuperável, que, depois de um século e meio, ainda é muito desconhecida mesmo dos que a estudam com carinho e afinco.

Nunca estarão ultrapassadas as realizações mediúnicas de proveito incontestável, além do poder que exercem para fazer novos adeptos que então passam a interessar-se pelo estudo da Doutrina e seu aprofundamento.

Por fim, a acusação de que afetam pessoas portadoras de desequilíbrios nas áreas mental e emocional não tem qualquer fundamento. Primeiro, porque o bom senso que deve orientar os que dirigem esse admirável mister, demonstra a impossibilidade de esses pacientes terem uma participação direta na reunião e, depois, porque a orientação doutrinária ensina que a presença dos que se candidatam aos benefícios não é indispensável já que para os Espíritos as distâncias terrenas têm outra dimensão, dispensando-se, desse modo, aquela participação física. Ainda aqui, é o despreparo de quem se arroga as condições de dirigente de sessões que responde pela incompetência.

Não obstante reconheçamos a necessidade do conhecimento e preparação doutrinária, valorizamos muito as condições morais, que são fatores predominantes para os resultados das sessões[37]. Conforme as coordenadas mentais que defluem da vivência moral dos seus membros — como ocorre em qualquer atividade — estarão presentes Entidades equivalentes, oferecendo o que se

---

37 - Nota do autor espiritual: Vide Prolusão do livro *Grilhões Partidos* de nossa autoria. Ed. Alvorada.

merece e não o que se deseja. Indispensável, portanto, que o conhecimento, a cultura doutrinária tenham como suporte o esforço moral do aprendiz, a fim de situar-se em clima de paz e privar de convivências superiores."

21
RECORDAÇÕES DA MEDIUNIDADE
José Ferraz[38]

A minha participação na prática mediúnica na Mansão do Caminho em Salvador somente aconteceu depois de uma preparação cuidadosamente administrada pela direção do Centro e com a aquiescência da Mentora Joanna de Ângelis.

Com um razoável conhecimento doutrinário, percebendo-me detentor de sensibilidade mediúnica e desejando assumir o compromisso para exercitar e adestrar a faculdade de que porventura fosse portador, elaborei o meu pedido de permissão para frequentar as reuniões mediúnicas. Lá o candidato solicita por escrito o pedido para frequência às atividades de intercâmbio espiritual. A resposta é dada pela Mentora Joanna de Ângelis psicograficamente. Tive de utilizar esta norma por duas vezes para que me fosse concedida a permissão. Nesse particular é preciso ressaltar o zelo doutrinário da Benfeitora Espiritual, dando o consentimento após o candidato adquirir as condições necessárias para a sua admissão no grupo mediúnico. Recordo perfeitamente das duas respostas dadas: “Aguardemos mais um pouco”. E um ano depois: “Nada a obstar, reflitamos sobre a responsabilidade assumida”.

A eclosão propriamente dita da minha faculdade mediúnica aconteceu na terceira reunião de que participei. Foi um dia inesquecível. Jubiloso, por ter dado a primeira comunicação, constatei naquele momento ser portador da mediunidade ostensiva. Aflorava naquele momento a psicofonia consciente mudando, desse momento em diante, o rumo da minha existência na Terra.

Todo o meu aprendizado mediúnico foi estruturado no estudo teórico da Doutrina e da mediunidade, incessantemente, através

38 - Artigo publicado na revista *Presença Espírita*, em agosto de 2001.

de puro autodidatismo. Àquela época, década dos anos 60, não existiam cursos, seminários ou qualquer atividade de convivência para estudo em grupo. Outro recurso que utilizei foram as minhas observações feitas durante a prática mediúnica com o apoio e a orientação experiente e competente do nosso Divaldo. Quando se fazia necessário ou se faz ainda hoje, procuro ouvir a sua opinião abalizada.

Abro um espaço para chamar a atenção dos médiuns em geral do nosso Movimento Espírita, da necessidade de se buscar pessoas experientes e competentes na prática mediúnica para ouvi-las, trocar ideias e remover as dúvidas surgidas na educação da mediunidade.

A faculdade mediúnica é portadora de muitas sutilezas e complexidades, e sem essas iniciativas o seu aperfeiçoamento fica deveras comprometido devido à desinformação de detalhes práticos, espaço que a literatura especializada nem sempre preenche.

Lendo com atenção *O Livro dos Médiuns*, fui informado de que os maiores obstáculos no tempo de Kardec eram o orgulho e a obsessão. Com o transcorrer do tempo, novas informações foram chegando ampliando o quadro de fatores impeditivos no uso e exercício da mediunidade. Sobressaem-se as imperfeições morais, o animismo, os desajustes de personalidade e a inexperiência...

Possuidor destes dados muito importantes, todo médium que queira utilizar a mediunidade com Jesus deve empreender de imediato a grande jornada da sua moralização. Tomei como lema principal da minha vida mediúnica a sugestão do Espírito Joanna de Angelis: "Não intentes ser tão somente uma pessoa fenômeno; faça acontecer o maior fenômeno em Doutrina Espírita: o da sua transformação moral para melhor".

A síndrome obsessiva deve ser diluída e amainada e — no meu caso, por exemplo — foram salutares as reuniões doutrinárias, os benefícios dos passes, a água magnetizada, a implantação do Evangelho no Lar e, sobretudo, a reforma íntima. A tarefa de atendimento aos desencarnados é de responsabilidade dos Mentores Espirituais nas reuniões especializadas sem a presença do obsidiado.

Atualmente com o surgimento do Atendimento Fraterno, essa atividade doutrinária constitui o primeiro passo.

Experimentei grandes dificuldades para superar a ideia errônea do animismo na mediunidade. Fui parcialmente tranquilizado pelo ensino espírita de que não existe fenômeno mediúnico puro. No início do processo de desenvolvimento mediúnico as comunicações são predominantemente de ordem anímica. Com o transcorrer do exercício da mediunidade passa a ocorrer uma inversão para o predomínio do fenômeno mediúnico.

A personalidade do médium participa mais ou menos do fenômeno mediúnico, dependendo do grau de intensidade do transe, e da filtragem medianímica. Aprendi que, para diminuir gradativamente as cores anímicas das passividades, o médium tem de libertar-se das frivolidades, das ideias desordenadas, das aspirações incontidas, da casa mental fértil de pensamentos vulgares e da inspiração de Entidades levianas que induzem a exageros e distonias. Para superar em curto espaço de tempo estes obstáculos, o médium deve adquirir o hábito da concentração e da meditação.

A concentração é um monólogo raciocinado que pode ser utilizado na sedimentação durante a atenção dispensada às exposições doutrinárias no Centro Espírita, nas leituras edificantes para efeito de assimilação dos assuntos focalizados e, por que não dizer, nas atividades humanas em que se deve convergir a atenção para o ponto de interesse. A meditação é uma atitude mental de observação, de silêncio interior, de abstração dos ruídos externos, para se conseguir um estado favorável na busca do autoconhecimento e da iluminação interior.

Habilitado por esses exercícios espirituais, o médium, sem prejudicar os seus deveres nem as obrigações da vida cotidiana, adquire disciplina mental com reflexos positivos na conduta moral e controle dos impulsos.

22

INSTRUÇÕES DOS ESPÍRITOS

— Do Mundo Real —

Nós existimos, logo, o nada não existe; eis o que somos e o que sereis; o futuro vos pertence, como a nós. Caminhais nas trevas, vimos clarear-vos o caminho e traçar-vos o roteiro; andais ao acaso, vimos apontar-vos a meta. A vida terrena era, para vós, tudo, porque nada víeis além dela; vimos dizer-vos, mostrando a vida espiritual: a vida terrestre nada é. A vossa visão se detinha no túmulo, nós vos desvendamos, para lá deste, um esplêndido horizonte. Não sabíeis por que sofreis na Terra; agora, no sofrimento, vedes a justiça de Deus. O bem nenhum fruto aparente produzia para o futuro. Doravante, ele terá uma finalidade e constituirá uma necessidade; a fraternidade, que não passava de bela teoria, assenta agora numa lei da Natureza. Sob o domínio da crença de que tudo acaba com a vida, a imensidade é o vazio, o egoísmo reina soberano entre vós e a vossa palavra de ordem é: "Cada um por si". Com a certeza do porvir, os espaços infinitos se povoam ao infinito, em parte alguma há o vazio e a solidão; a solidariedade liga todos os seres, aquém e além da tumba. É o reino da caridade, sob a divisa: "Um por todos e todos por um". Enfim, ao termo da vida, dizíeis eterno adeus aos que vos são caros; agora, dir-lhes-eis: "Até breve!". Tais, em resumo, os resultados da revelação nova, que veio encher o vácuo que a incredulidade cavara, levantar os ânimos abatidos pela dúvida ou pela perspectiva do nada e imprimir a todas as coisas uma razão de ser. Carecerá de importância esse resultado, apenas porque os Espíritos não vêm resolver os problemas da Ciência, dar saber aos ignorantes e aos preguiçosos os meios de se enriquecerem sem trabalho? Nem só, entretanto, à vida futura dizem respeito os frutos que o homem deve colher dela. Ele os saboreará na Terra, pela transformação que estas novas crenças hão de necessariamente operar no seu caráter, nos seus gostos, nas suas tendências e, por conseguinte, nos hábitos e nas relações sociais. Pondo fim ao reino do egoísmo, do orgulho e da incredulidade, elas preparam o do bem, que é o reino de Deus, anunciado pelo Cristo.

Allan Kardec - *A Gênese*, cap. I, item 62.

— Da Mediunidade —

O tempo liga os valores mediúnicos, fundindo-os em um recurso único de sintonia, assim como o rio de longo percurso absorve as fontes e os rios menores, para penetrar silencioso e amplo, nas profundezas do mar. (Emmanuel)

A organização mediúnica, como as demais edificações elevadas, não se improvisa no caminho da vida; e o médium não é uma consciência ou inteligência anulada nos fenômenos da comunicação mediúnica. Edificar a mediunidade constitui obra digna do esforço aliado à perseverança, no espaço e no tempo. (André Luiz)

Mediunidade é talento do Céu, para o serviço de renovação do mundo. Lâmpada que nos cabe acender, aproveitando o óleo da humildade, é indispensável nutrir com ela a sublime luz do amor, a irradiar-se em caridade e compreensão, para todos os que nos cercam. (Emmanuel)

Mediunidade posta ao serviço do bem é quase a estrada do Gólgota, mas a fé transforma em flores as pedras do caminho.

A mediunidade é um madeiro de espinhos dilacerantes, mas, com o avanço da subida, calvário acima, os acúleos se transformam em flores e os braços da cruz se convertem em asas de luz, para a Alma livre na Eternidade. (Bezerra de Menezes)

A mediunidade, nos corações valorosos e fortes, é um talento destinado à aplicação imediata. (Emmanuel)

Não podemos esquecer a obrigação de cultuar a mediunidade e acrisolá-la, aparelhando-nos com os recursos preciosos do autoconhecimento. (André Luiz)

Se sentes lampejos psíquicos que te facultam o intercâmbio com as mentes desencarnadas, abre os braços ao amor, e oferece-te, resoluto, laborando incansável, pois mediunidade é viaduto salvador entre os dois planos da vida, ensejando possibilidades imprevisíveis aos que transitam confiantes.

Mediunidade é patrimônio inestimável, faculdade delicada pela qual ocorrem fenômenos sutis, expressivos e vigorosos, e só procedem do Alto quando em clima de alta responsabilidade. (Joanna de Ângelis)

Não é a mediunidade que te distingue, é aquilo que fazer dela. Ser médium é ser ajudante do mundo espiritual. E ser ajudante é ser alguém que auxilie espontaneamente, descansando a cabeça dos responsáveis. (Emmanuel)

Ajudando as Entidades em desequilíbrio, ajudarão a si mesmos, doutrinando, acabarão igualmente doutrinados. (André Luiz)

23

VISÃO MODERNA DA MEDIUNIDADE

Manoel Philomeno de Miranda[39]

Inerente ao ser humano, por ser uma conquista do processo evolutivo, a paranormalidade equipou-o lentamente através dos milênios com um *sexto sentido*, a fim de que possa manter-se em contato com a vida extrafísica, penetrando-a e auferindo-lhe os benefícios de que é portadora.

Da mesma forma que desenvolveu os sentidos objetivos, adaptando-os às necessidades e ampliando-os em favor da sobrevivência, bem como de sua melhor utilização, o organismo vem aumentando recursos para que haja a libertação das exigências automatistas que procedem dos instintos básicos, tornando a criatura humana mais psíquica do que física, mais paranormal do que objetiva. Sem que haja a eliminação das percepções sensoriais amplia-se-lhe cada vez mais o campo de sintonia com o mundo extracorpóreo, condicionando-o para o inevitável retorno espiritual de forma consciente, de modo a comportar-se com equilíbrio moral que é o requisito essencial para a aquisição da paz interior.

Não obstante se possam assinalar diferentes períodos de aprimoramento da estrutura orgânica para o surgimento das faculdades parapsicológicas e mediúnicas, sempre houve indivíduos portadores de alta sensibilidade, que se tornaram antenas vivas para o registro das ondas-pensamento provenientes da Espiritualidade. Constituíram, em todas as épocas, espécimes de destaque, eloquentes exemplos de sintonia com as forças existentes além das fronteiras do corpo físico atestando-lhes a realidade.

---

39 - Página psicografada pelo médium Divaldo Franco, no dia 07.06.1998, em Oslo (Noruega), inserta no livro *Luzes do Alvorecer*. Salvador: LEAL, 2001, p.p. 91-94.

Citados nas obras clássicas dos diferentes povos, desde os mais recuados, tornaram-se guias e condutores de tribos e nações que, nas suas informações espirituais, encontraram diretrizes e conhecimentos para desenvolverem o progresso, estabelecerem leis, elaborarem núcleos de pesquisa e de crescimento intelecto-moral. Também deram opiniões em períodos de guerra como de paz, inspirados pelos Numes tutelares que se lhes apresentavam de acordo com o nível social então vigente, auxiliando significativamente no crescimento e no progresso geral.

Suas vidas se tornaram modelos, e suas comunicações solidificaram a crença na sobrevivência do ser humano após a disjunção molecular, iluminando as sombras da morte com o conhecimento da continuação das experiências evolutivas no incessante rumo para a perfeição.

À medida que a inteligência abriu espaços para o raciocínio e o delíquio dos valores éticos se apresentou, embora sob disfarces naqueles que pugnavam pelos ideais iluminativos, a descrença nas suas palavras ergueu labéu, dando lugar às acusações de farsa como de intrujice entre eles, que perseguiam interesses mesquinhos, assim negando, por consequência, a sobrevivência do Espírito, desde que as lições que ministradas sequer conseguiam torná-los mais dignos ou melhores...

Apresentando-se espontaneamente, essa faculdade possui características mais vigorosas em uns indivíduos do que em outros, sem que deixe de existir em todos e, às vezes, espoca gerando perturbação e transtorno psicológico, em razão da potência de que se reveste, abrindo portas automáticas para o intercâmbio nem sempre de boa qualidade.

Noutras ocasiões aparece como fenômeno parapsicológico ou anímico, chamando a atenção para ocorrências especiais que lhe atestam a presença de maneira singular, desenhando maiores possibilidades orgânicas.

A mediunidade, no entanto, é o canal por onde se dão os intercâmbios entre o mundo físico e o extracorpóreo, proporcionando a comunicação dos Espíritos que retornam para chamar a atenção das demais criaturas para o futuro que as aguarda.

Neutra, sob o ponto de vista moral, o uso que se lhe faça dar-lhe-á direcionamento bom ou mal, tornando-a instrumento de elevação ou degredo em razão dos compromissos que estabelece.

Força inestancável que provém do interior, as faculdades paranormais serão no futuro o mais vigoroso instrumento para o intercâmbio saudável entre as pessoas, assim como os Espíritos, tendo-se em vista que todos lhes serão portadores naturais, quando então os valores humanos estarão em nível mais elevado.

Graças ao Espiritismo, que demitizou essa poderosa força da alma, esse *sexto sentido* permitirá que a psicoterapia direcionada aos infelizes do Mais Além tenha curso natural, qual ocorre hoje com a oferecida aos encarnados.

Já se avizinha o momento em que a educação espiritual — particularmente dos desencarnados em aflição, assim como dos perturbadores que se comprazem em obsidiar — fará parte dos currículos escolares, por constituir fator significativo para o bem-estar do ser humano que ainda transita na ignorância ou persiste no injustificável desinteresse pela realidade total, embora envolto na indumentária carnal que se decompõe.

Eficiente instrumento de orientação e de esclarecimento, a mediunidade é bênção que cada um deve atender, penetrando-a com respeito e educando-a mediante seu conhecimento e prática, de forma que possa desobstruir os canais de comunicação direta entre a vida exuberante e a limitada na Terra, preparando o Reino de Deus que já se encontra em delineamento no mundo.

24
A MEDIUNIDADE NOS DIAS ATUAIS

Ratificando e prosseguindo a tarefa de Allan Kardec, novos missionários e colaboradores vêm trabalhando no campo da mediunidade.

Destacamos o trabalho dos médiuns Francisco Cândido Xavier, Yvonne do Amaral Pereira, Divaldo Pereira Franco, Raul Teixeira e inúmeros outros que, por meio de obras psicografadas, da lavra de inúmeros Espíritos, trazem esclarecimento, consolo e orientação para os que buscam na *Doutrina dos Espíritos*, o roteiro para suas vidas.

Iniciada por Allan Kardec, a pesquisa científica dos fenômenos mediúnicos prossegue incessantemente.

As confirmações científicas hodiernas mostram que o Mestre Lionês caminhou com segurança pelas transcendentais veredas dos Espíritos. Ele conseguiu atingir por métodos psicológicos o que as ciências atuais só conseguiram com aparelhos especiais. O Codificador realizou, assim, a maior façanha científica de todos os tempos. Tudo quanto afirmou foi o corolário de pesquisas sérias, conduzidas com o rigor científico do pesquisador minucioso e obcecado pela verdade. Das investigações espíritas do Professor Rivail surgiram as experiências da Metapsíquica, as Sociedades de Pesquisa Psíquica, e em nossos dias as investigações da Parapsicologia, em pleno campus universitário, todas elas confirmando, pelos métodos mais modernos e rigorosos — aquilo que podemos chamar “a mensagem da cesta”.

Não apenas pela Parapsicologia, mas também pela Física Nuclear, pela Biologia avançada, pela Astronáutica, por todos os ramos de conhecimento, estão em face de uma comprovação total da Ciência Espírita.

Neste retrospecto, analisando a fenomenologia mediúnica através dos tempos, ressaltamos a programação espiritual superior, visando sempre o progresso moral e intelectual da Humanidade.

Jesus marca o início de um novo ciclo histórico no Ocidente. Com o Seu ensino, amplamente divulgado e aceito, as grandes concepções do passado, limitadas a pequenos círculos de iniciados ou eleitos, modelam uma nova mentalidade coletiva.

Com o advento do Espiritismo, o Consolador prometido por Jesus, "o Espírito se derrama sobre toda a carne", conforme profetizou Joel[40] e ratificou Paulo[41].

A fé cega, agora iluminada pelos intensos *spotligths* da razão, deixa o berço das crendices e das superstições para alcandorar-se ao patamar da convicção, através do conhecimento direto da realidade espiritual.

A mediunidade desenvolvida encoraja os apóstolos que se mantêm em contato com as forças espirituais, que — impertérritos — enfrentam com desassombro o poder temporal.

Os médiuns enchem o mundo de espanto, com as luzes de uma nova e vigorosa concepção de vida, que eleva o homem acima de si mesmo, desvelando superlativos horizontes nunca dantes imaginados...

Na propagação do Espiritismo, vemos repetirem-se os milagres da fé e da coragem dos cristãos primitivos, e o tempo da fé cega extinguiu junto com os paralisantes dogmas medievais para dar lugar ao império da "fé raciocinada, inabalável, que olha a razão, de frente, em qualquer época da Humanidade"[42].

A partir desta convicção, as criaturas podem vislumbrar e sustentar uma nova concepção da vida e do mundo...

Onde a mediunidade com Jesus se torna a fonte de esclarecimento e orientação dos problemas do Espírito, o homem se emancipa da tutela dos ritos e cultos primitivos dos avoengos, caminhando a passos largos e seguros na direção do fanal existencial assinalado por Deus para o seu destino: *a perfeição relativa e a felicidade sem mescla.*

---

40 - Joel, 2:28 e 29.

41 - Atos, 2:16 a 18.

42 - KARDEC, Allan. *O Evangelho Segundo o Espiritismo.* 121. ed. Rio: FEB, 2003, cap. XIX.

25
PRIORIDADE EM SERVIÇO MEDIÚNICO

Se anelas por participar dos planos de Jesus, através da faculdade mediúnica, saibas, então, que deverás empreender toda uma luta pelo embelezamento interior.
Hans Swigg[43]

A mediunidade com Jesus, exercida à luz da Doutrina Espírita, exige muito estudo, perseverança, humildade e superlativos esforços da boa vontade no combate às imperfeições. Faz-se necessária uma "cirurgia plástica" na intimidade do Espírito, visando o aformoseamento da Alma.

Através da mediunidade lúcida do médium fluminense Raul Teixeira, o Espírito Hans Swigg oferece esclarecimentos extremamente sensatos e úteis aos médiuns que realmente estão imbuídos do desejo de servir incondicionalmente a Jesus com as suas possibilidades mediúnicas. Eis o aconselhamento que dá nos capítulos 28 a 30 do livro: *Em Serviço Mediúnico*:

"Para perseverar na boa luta, faz-se necessário manter profunda união com os ensinamentos de Jesus Cristo.

O mundo terreno, tal como se apresenta, tem todas as chances para dominar os que só veem montanhas à frente dos caminhos; para desesperar a quem só enxerga violências nas estradas onde caminha; para desestimular os que identificam como opositores todos os que encontram pela frente, seguindo trilhos que não são os seus; para tirar o prazer de quem só conhece dores ao seu redor; para chumbar no leito da acomodação ao que se sente frágil, invariavelmente, para qualquer atitude diante da existência.

43 - TEIXEIRA, Raul. *Em Serviço Mediúnico.* Niterói: FRÁTER, 1996, cap. 28.

Somente quando a pessoa se der conta de que o Cristo deve ser a mais lúcida inspiração para a alma terrestre, começará a sentir forças novas para superar os óbices em seus caminhos; para alimentar esperanças de paz e harmonia; para saber ouvir reais adversários, extraindo o verdadeiro e o útil dos seus arrazoados; para aproveitar as chances de alegria pelo entendimento do significado espiritual do sofrimento, onde ele apareça; para erguer-se a cada manhã, com boa disposição de fortificar-se com os elixires do trabalho e da fé, certo de que, conforme enunciou o Mestre Nazareno, só o que perseverar até o fim salvar-se-á."

MUDANÇAS NECESSÁRIAS E A CONSCIÊNCIA

"(...) O tempo a passar, rapidamente, vai pondo cada ser humano diante da própria consciência, como se ela fosse delicado espelho em que cada um se pudesse mirar, detidamente, verificando as belezas e fealdades da sua configuração íntima.

Ao atentar para as características individuais que a consciência mostra, por mais que o deseje, torna-se impossível à criatura fugir de si mesma, passando a se dar conta de tudo quanto deve modificar em sua fisionomia espiritual.

Quando a pessoa observa, em si, as contorções do cinismo e as imposturas do orgulho e da vaidade; quando registra os sinais da má vontade e as dobras da indolência; quando vê as verrugas da hipocrisia inchadas de mentira, deverá pelejar para que, com a necessária brevidade, passe pela inadiável "cirurgia plástica" que lhe embelezará a Alma, predispondo-a a se tornar melhor cooperadora com os programas divinos na Terra.

Obedecendo ao princípio da coerência, enquanto se observa, porém, não vale somente exumar os cadáveres da alma enfermiça, pois, ao mesmo tempo em que as leis divinas, inscritas no âmago do ser, lhe apontam viciações e torpezas que pedem eliminação ou transformação positiva, mostram, também, as virtudes conquistadas com árduo empenho da vontade, o que dá valor e sabor à luta travada entre a personalidade do legítimo cristão-espírita, que se projeta desde hoje para o porvir, e a do antigo caça-tormentos, inconsciente e infeliz, que teima reviver do pretérito para os dias atuais.

Saibas, então, que toda essa luta por embelezamento interior é o que deverás empreender, se anelas por participar dos planos de Jesus, através da faculdade mediúnica que te honra a existência terrena, dando-te oportunidade de te fazeres útil aos irmãos do caminho, construindo, pouco a pouco, a coroa da paz que almejas."

Conforme muito bem o ensinou o ínclito Mestre Lionês[44]: "A mediunidade é coisa santa, que deve ser praticada santamente, religiosamente". E completa: "Quem, pois, deseje comunicações sérias, deve, antes de tudo, pedi-las seriamente e, em seguida, inteirar-se da natureza das simpatias do médium com os seres do mundo espiritual. Ora, a primeira condição para se granjear a benevolência dos bons Espíritos é a humildade, o devotamento, a abnegação, o mais absoluto desinteresse moral e material.

O moderno Espiritismo, compreendendo o lado sério da questão, pelo descrédito que lançou aos exploradores da mediunidade, elevou-a à categoria de missão.

Jesus e os apóstolos, ainda que pobres, nada cobravam pelas curas que operavam, mas sempre aconselhavam aos beneficiários de seus recursos mediúnicos a reforma íntima, o aformoseamento moral, a não reincidência no erro, para que não lhes viesse acontecer algo de pior ainda.

Procure, pois, aquele que carece do que viver, recursos em qualquer parte, menos na mediunidade; não lhe consagre, se assim for preciso, senão o tempo de que materialmente possa dispor. Os

---

44 - KARDEC, Allan. *O Evangelho Segundo o Espiritismo.* 121. ed. Rio: FEB, 2003, cap. XXVI.

Espíritos lhe levarão em conta o devotamento e os sacrifícios, ao passo que se afastam dos que esperam fazer deles uma escada por onde subam."

A DELICADA FACULDADE MEDIÚNICA

A faculdade mediúnica é extremamente instável. Pode sofrer intermitências, ser temporariamente suspensa e, não raras vezes, o médium pode perdê-la definitivamente, qualquer que seja o gênero da faculdade.

O médium nada pode fazer, sem o auxílio dos Espíritos e, por isso mesmo, não há razão para vangloriar-se de seu potencial mediúnico.

Ao contrário do que se pode imaginar, a interrupção da faculdade mediúnica nem sempre é uma punição. Trata-se, às vezes, tão somente de uma expressão de carinho dos Amigos Espirituais que veem a necessidade de oferecer um repouso material ao médium.

A perda definitiva da faculdade se prende ao mau uso que dela fez o seu possuidor, mormente quando dela se serve para propósitos escusos, frivolidades, cupidez, ambição e quando os pruridos do personalismo se acentuam, negando-se o médium a transmitir as palavras dos Espíritos.

Ensinam os Espíritos[45]:

"Quis o Senhor que a luz se fizesse para todos os homens e que em toda a parte penetrasse a voz dos Espíritos, a fim de que cada um pudesse obter a prova da Imortalidade. Com esse objetivo é que os Espíritos se manifestam hoje em todos os pontos da Terra e a mediunidade se revela em pessoas de todas as idades e de todas as condições, nos homens como nas mulheres, nas crianças como nos velhos. É um dos sinais de que chegaram os tempos preditos.

---

45 - KARDEC, Allan. *O Evangelho Segundo o Espiritismo.* 121. ed. Rio: FEB, 2003, cap. XXVIII.

Os médiuns são os intérpretes incumbidos de transmitir aos homens os ensinos dos Espíritos; ou, melhor, são os órgãos materiais de que se servem os Espíritos para se expressarem aos homens por maneira inteligível. Santa é a missão que desempenham, visto ter por fim rasgar os horizontes da vida Eterna.

Os Espíritos vêm instruir o homem sobre seus destinos, a fim de o encaminharem para a senda do bem, e não para o pouparem ao trabalho material que lhe cumpre executar neste mundo, tendo por meta o seu adiantamento, nem para lhe favorecerem a ambição e a cupidez. Aí têm os médiuns o de que devem compenetrar-se bem para não fazerem mau uso de suas faculdades. Aquele que, médium, compreende a gravidade do mandato de que se acha investido, religiosamente o desempenha. Sua consciência lhe profligaria, como ato sacrílego, utilizar por divertimento e distração, para si e para os outros, faculdades que lhe são concedidas para fins sobremaneira sérios e que o põem em comunicação com os seres de além-túmulo.

Como intérpretes do ensino dos Espíritos, têm os médiuns de desempenhar importante papel na transformação moral que se opera. Os serviços que podem prestar guardam proporção com a boa diretriz que imprimam às suas faculdades, porquanto os que enveredam por mau caminho são mais nocivos do que úteis à causa do Espiritismo. Pela má impressão que produzem, mais de uma conversão retardam. Terão, por isso mesmo, de dar contas do uso que hajam feito de um dom que lhes foi dado para o bem de seus semelhantes.

O médium que queira gozar sempre da assistência dos bons Espíritos tem de trabalhar por melhorar-se. O que deseja que sua faculdade se desenvolva e engrandeça, tem de se engrandecer moralmente e se abster de tudo o que possa concorrer para desviá-la do seu fim providencial.

Prova a experiência que, da parte dos que não aproveitam os conselhos que recebem dos bons Espíritos, as comunicações, depois de terem revelado certo brilho durante algum tempo, degeneram pouco a pouco e acabam caindo no erro, na verbiagem, ou no ridículo, sinal incontestável do afastamento dos bons Espíritos.

Conseguir a assistência destes, afastar os Espíritos levianos e mentirosos, tal deve ser a meta para onde convirjam os esforços constantes de todos os médiuns sérios. Sem isso, a mediunidade se torna uma faculdade estéril, capaz mesmo de redundar em prejuízo daquele que a possua, pois pode vir a ser causa de perigosa obsessão.

O médium que compreende o seu dever, longe de se orgulhar de uma faculdade que não lhe pertence, visto que lhe pode ser retirada, atribui a Deus as boas coisas que obtém. Se as suas comunicações receberem elogios, não se envaidecerá com isso, porque as sabe independentes do seu mérito pessoal; agradece a Deus o haver consentido que por seu intermédio, bons Espíritos se manifestassem. Se dão lugar à crítica, não se ofende, porque não são obra do seu próprio Espírito, ao contrário, reconhece no seu íntimo que não foi um instrumento bom e que não dispõe de todas as qualidades necessárias a obstar a imiscuência dos Espíritos atrasados. "Cuida, então, de adquirir essas qualidades e suplica, por meio da prece, as forças que lhe faltam."

26

EXERCÍCIO CONSCIENTE DA MEDIUNIDADE

Eurípedes Barsanulfo[46]

A palpitante questão do exercício consciente da mediunidade continua merecendo apontamentos e estudos que auxiliem o servidor honesto, no ministério do bem a que se dedica. Libertada das conotações deprimentes a que pretenderam atá-la à intolerância religiosa e o preconceito científico, no passado, a pouco e pouco se vão firmando os seus valores, passando a merecer inevitável respeito cultural.

Não obstante, ainda teimam algumas áreas do conhecimento em arregimentar opiniões destituídas de fundamento, mediante as quais pretendem negá-la, situando os fatos observados na faixa das alucinações psicológicas do inconsciente individual ou coletivo, ou dos modernos agentes *theta*, em vãs arremetidas para destruir ou obscurecer os fatores causais do fenômeno, que são os Espíritos imortais.

Sob outro aspecto, em face da evidência das comunicações, que se multiplicam generosamente e em abundância, grupos de decididos militantes informam que estatísticas por eles bem-elaboradas demonstram que somente ínfima percentagem atesta a procedência legítima dos Espíritos desencarnados, ainda passível de meticulosas observações e exames dos fenômenos, sendo a quase totalidade uma decorrência anímica, quando se tratando de pessoas honestas e, em última análise, fraudes verdadeiras, quiçá inconscientes.

Novas correntes de meticulosos experimentadores pretendem concluir que o intercâmbio genérico com os padecentes da

---

46 - FRANCO, Divaldo. *Páginas elucidativas.* 3. ed. Araguari: Minas Editora, 2006, cap. 17.

Espiritualidade inferior deve ser compreendido como fenômeno de autocomunicação, em que são agentes os próprios médiuns, que retirariam da memória do inconsciente profundo as reminiscências de reencarnações transatas, cujos componentes os tornam atônitos, neuróticos, perturbados, em alienações diversas.

Propõem-se outros investigadores a transferir o inconsciente de expressivo número de alienados para os sensitivos, que o captam, entrando no registro das aflições desses pacientes, que passariam a dialogar com as suas personalidades atormentadas, liberando-se, desse modo, dos fatores alienantes, sem se darem conta da ingerência de Entidades desencarnadas, em tais processos, comprazendo-se em produzir mais sutis e graves aflições.

Recorre-se à nomenclatura moderna, cada vez mais para fugir-se à denominação kardequiana, sem, no entanto, conseguir-se anular a causa espiritual, mediante a qual são servidas as lições do Cristo, atualizadas, a ética moral de comportamento e a salutar filosofia existencial, que propiciam a felicidade ao homem.

No pretérito, nos dias da Metapsíquica, os eminentes pesquisadores criavam, após cada experiência, uma hipótese nova, evitando a teoria espírita que, na investigação futura, refundiam diante dos resultados então obtidos, que anulavam a arquitetada e audaciosa concepção anterior.

Porque os eminentes investigadores se negavam aceitar a sobrevivência da alma embora a sempre crescente evidência e documentação probatória, o tempo fez unir os alicerces das conceituações aventadas, e a doutrina Metapsíquica tombou no olvido.

Há pouco, quando do surgimento da Parapsicologia, novas técnicas de exame foram elaboradas, mais severos critérios têm sido estabelecidos, mais exigentes cálculos são buscados, estatísticas rigorosas são consideradas na razão direta em que a mediunidade, resistindo a tudo e todos, reafirma a sobrevivência da vida à morte do corpo, conclamando o homem à religião do amor e do perdão para uma excelente vivência da caridade...

... E quando o sol da Imortalidade começa a dissipar as sombras dominantes, irisando de alegrias e esperanças as mentes indagadoras, os mais renitentes propõem outros métodos, mediante as mais recentes disciplinas como a Psicobiofísica, a Psicotrônica, repetindo os processos e passos já percorridos em mais caprichosos e sofisticados mecanismos de apreciação e pesquisa.

São credores de consideração e respeito todos os esforços honestos que levam o homem a buscar a verdade. Imprescindível, no entanto, que o autêntico estudioso não se encontre armado de ideias e opiniões preconcebidas, submetendo os resultados e comprovações ao seu crivo, antes colocando suas concepções diante dos fatos arrolados, com a coragem de abandoná-las, quando necessário, aceitando os resultados já obtidos.

Antigos metapsiquistas, modernos parapsicólogos chegaram ao pórtico da vida triunfante e impediram-se atravessá-lo, para declararem, com ênfase e coragem, que a vida triunfa da morte. Não o fizeram, porque aferrados a ultrapassado e injustificável preconceito, que é adversário da atitude científica. No entanto, não sendo invulneráveis à morte, vadearam o rio da desencarnação, e, defrontando a sobrevivência, pretenderam trazer aos pósteros tal afirmação, sem se darem conta de que já não há ouvidos para eles, quanto eles se negaram aos que os precederam no mesmo empreendimento.

São inegáveis, no fenômeno mediúnico, as interferências da mente do médium, quanto são inevitáveis ao virtuose a harmonia ou as deficiências do instrumento musical de que se utiliza.

O fenômeno puro, total, cristalino, é tão impossível quanto o raio de sol, ao ser coado por uma lâmina de vidro, liberar-se da tonalidade que esta lhe empresta, ao ser traspassada pela luz. Mediunidade é instrumento, é meio de que se utilizam os agentes espirituais para confirmar o prosseguimento da realidade, após o túmulo.

Urge que os sinceros discípulos do Evangelho se dediquem com afã à mediunidade socorrista, estabelecendo felizes ligações com o Mundo Espiritual, atendendo aos deveres da solidariedade humana e da caridade, sem se preocuparem com outra coisa que não seja servir, amar e passar adiante, como servidor consciente das suas responsabilidades que, pondo as mãos na charrua, não olha para trás.

Se, todavia, o ácido da crítica ou a borra da zombaria, a mordacidade venenosa ou a dúvida sistemática chegarem-lhe às portas da alma, ameaçando-lhe a estabilidade íntima, recorde-se o sincero trabalhador da mediunidade que, mesmo Jesus, quando ressuscitado, não mereceu crédito de alguns dos companheiros que O amavam, por não aceitarem a informação mediúnica daquela que O vira e com Ele conversara, sendo necessário testemunhá-la, Ele próprio, convidando o incrédulo a que O tocasse, e invitando outros a que verificassem ser Ele.

Os que se demorarem na incredulidade, comprovarão, oportunamente, por si mesmos, quando sobre eles baixar a cortina da morte e dealbar o dia novo. Enquanto isso, que o exercício consciente da mediunidade espírita e cristã continue, na Terra, fazendo o bem com uma mão sem que a outra tome conhecimento, nestes dias tumultuados e aflitos que se vivem, prenunciando a hora ditosa da paz com Jesus.

27

O PERISPÍRITO

A candeia do corpo são os olhos, de sorte que se teus olhos forem bons, todo o teu corpo terá luz; se forem maus o teu corpo será tenebroso. Jesus. (Mt. 6:22 e 23.)

Quando Jesus pronunciou essas palavras registradas por Mateus, fazia clara referência ao Perispírito. Evidentemente só chegamos a essa conclusão após minuciosos estudos da Codificação Espírita, bem como das obras sérias que lhe são subsidiárias...

Sem a chave espírita os ensinamentos de Jesus continuariam a atravessar os séculos no emaranhado das parábolas.

Sendo o Espírito constituído de uma organização quintessenciada, sutil, e a matéria, por sua vez, sendo muito densa, grosseira, faz-se necessário um *elo intermediário* para efetuar a ligação de ambos durante o período da encarnação. Esse laço é o Perispírito.

Examinando o desenrolar histórico da evolução humana, notamos que o conhecimento do Perispírito constitui ponto pacífico nos aglomerados mais primitivos da Humanidade.

Os homens primitivos chamavam-no Corpo-Sombra; Jesus chamou-o Veste Nupcial; Paulo classificou-o como Corpo Espiritual; os investigadores de Baraduc, Somod; Paracelso, Corpo Sidéreo; os teosofistas, Corpo Astral; os egípcios, Kha; os gregos, Eidolon; os russos, Corpo Bioplasmático.

O Perispírito (denominação dada por Allan Kardec) é também conhecido por uma infinidade de outros nomes, entre eles: Corpo fluídico, Psicossoma, envoltório material-fluídico, etc.

Não podemos esquecer a importância de que se reveste o conhecimento do Perispírito, haja vista que o mesmo constitui o arcabouço onde vamos montar toda a rede das manifestações físicas.

"Se eu tocar a Sua Túnica, ficarei sã!"[47] Aquela mulher, que sofria de hemorragia crônica, e que já havia gasto inutilmente todos os seus recursos materiais sofrendo muito nas mãos dos médicos, sabia que Jesus podia curá-la somente com o leve rociar de sua mão em Suas vestes.

Até no Velho Testamento observamos a presença "tangível" da ação do Perispírito no momento em que Daniel vê um homem vestido de linho sobre as águas e ninguém mais o vê[48].

Allan Kardec[49] explica as até então incompreensíveis palavras de Jesus, quando levadas ao pé da letra: "Se a vossa mão é causa de escândalos, cortai-a". Figura enérgica, absurda, incompreensível! Porém, quando raciocinamos em termos de Perispírito, vemos tão somente a aplicação da Lei de Causa e Efeito em sua simetria bilateral: tal sementeira tal colheita... A mão assassina plasma no campo energético do Perispírito as sequelas estigmatizantes que serão transferidas para o corpo somático na reencarnação seguinte, e o Espírito entra na vida sem a mão, vez que melhor será renascer sem ela do que tê-la e ser a mesma causa de escândalo.

Com o confrade Martins Peralva[50], podemos obter profundos conhecimentos quanto às funções, forma, organização, densidade e coloração do Perispírito. Também sobre o assunto, o estimado autor espírita José Jorge escreveu uma obra intitulada: "Antologia do Perispírito"; são obras que podemos compulsar para nosso esclarecimento acerca de "um dos mais importantes produtos do fluido cósmico universal".[51]

---

47 - Mt., 9:21.

48 - Daniel, 10:5 a 7.

49 - KARDEC, Allan. *O Evangelho Seg. o Espiritismo.* 121. ed. Rio: FEB, 2003, cap.VII-17.

50 - PERALVA, Martins. *O Pensamento de Emmanuel.* 4. ed. Rio: FEB, 1991, cap. 3.

51 - KARDEC, Allan. *A Gênese.* 43. ed. Rio [de Janeiro]: FEB, 2003, cap. XIV, item 7.

O conhecimento aprofundado do Perispírito ensejar-nos-á a compreensão de toda a fenomenologia, que até hoje deixa perplexidade onde aparece.

28

ASSERTOS KARDEQUIANOS [52]

A mediunidade não implica necessariamente relações habituais com os Espíritos superiores. É apenas uma aptidão para servir de instrumento mais ou menos dúctil aos Espíritos, em geral. O bom médium, pois, não é aquele que comunica facilmente, mas aquele que é simpático aos bons Espíritos e somente deles tem assistência. Unicamente neste sentido é que a excelência das qualidades morais se torna onipotente sobre a mediunidade.

A mediunidade é, antes de tudo, inerente a uma disposição orgânica, de que qualquer homem pode ser dotado, como da de ver, de ouvir, de falar... Ela é conferida sem distinção, a fim de que os Espíritos possam trazer a luz a todas as camadas, a todas as classes da sociedade, ao pobre como ao rico; aos retos, para fortificá-los no bem, aos viciosos, para corrigi-los.

Entre os invisíveis, também há os que se comprazem em iludir, se se lhes depara ocasião. Os iludidos são, está-se a ver, os médiuns que se não precatam bastante. Aí se encontra, é fora de toda dúvida, um dos maiores escolhos em que muitos funestamente esbarram, mormente se são novatos no Espiritismo. É-lhes isso uma prova de que só com muita prudência podem triunfar. Aprendei, pois, antes de tudo, a distinguir os bons e os maus Espíritos, para, por vossa vez, não vos tornardes falsos profetas.

Se a mediunidade for desviada do objetivo providencial, se a empregam em coisas fúteis ou prejudiciais, se a põem a serviço dos interesses mundanos, se em vez de frutos sazonados dão maus frutos, se se recusam a utilizá-la em benefício dos outros, se nenhum proveito tiram dela para si mesmos, melhorando-se, são

52 - Assertos pinçados ao longo do livro básico: KARDEC, Allan. *O Evangelho Seg. o Espiritismo.* 129. ed. Rio [de Janeiro]: FEB, 2009.

quais a figueira estéril. Deus lhes retirará um dom que se tornou inútil neles: a semente que não sabem fazer que frutifique, e consentirá que se tornem presas dos Espíritos maus.

A mediunidade séria não pode ser e não o será nunca uma profissão, não só porque se desacreditaria moralmente, identificada para logo com a dos ledores da boa sorte, como também porque um obstáculo a isso se opõe: é que se trata de uma faculdade essencialmente móvel, fugidia e mutável, com cuja perenidade ninguém pode contar, e poderia falhar no momento exato em que mais necessária fosse a quem a explorasse. Ela não constitui privilégio, e se encontra por toda parte. Fazê-la pagar seria, pois, desviá-la do seu providencial objetivo. Deve-se consagrar à mediunidade somente o tempo de que materialmente se possa dispor, pois ela é coisa santa e deve ser praticada santa e religiosamente.

29

COMUNICAÇÕES D'ALÉM-TÚMULO

(...) Repelir as comunicações mediúnicas é repudiar o meio mais poderoso de instruir-se.
- Allan Kardec [53]

A Comunicabilidade dos Espíritos, consequência imediata da *Imortalidade da Alma*, são os dois pontos básicos do Espiritismo, nos quais está ancorado o aspecto *Consolador* desta Doutrina maravilhosa! E não é sem razão que Jesus profetizou[54] o seu advento com tal identificação: "Eu rogarei ao meu Pai, e Ele vos dará outro Consolador..."

Afinal, não é um grande consolo ter a certeza absoluta de que as pessoas que amamos e que nos antecederam na viagem de volta para Casa, no Mundo Maior, não estão perdidas do lado de lá?! Não é uma boa-nova saber que é apenas uma questão de tempo para que se estabeleça o reencontro feliz com os que se nos vinculam nas expressões de carinho?

Quando comumente ouvimos dizer: "perdi fulano", referindo-se à "morte" de alguém, é evidente que quem assim se pronuncia, não detém o conhecimento espírita. Da mesma forma quando também dizem: "Ah! Coitado! Descansou! (?!)".

Mal sabem tais criaturas desinformadas que existem muitos Espíritos rogando a reencarnação para que, uma vez presos no corpo físico, possam descansar um pouco, uma vez que, do Lado de Lá, se sentem muito cansadas, esgotadas...

Em sua portentosa e singular obra, André Luiz, por meio da abendiçoada e também inigualável mediunidade de nosso saudoso

---

53 - KARDEC, Allan. *O Céu e o Inferno.* 51. ed. Rio [de Janeiro]: FEB, 2003, 1ª. parte, cap. XI.

54 - João, 14:16.

Chico Xavier, desvela muitas faces do Mundo Espiritual aos nossos olhos e, então, podemos perceber, ainda que superficialmente, a complexidade dos trabalhos à disposição de quem os deseja executar. Portanto, lugar de descanso, o Outro Lado não é, absolutamente...

Mas, pelo "andar da carruagem", muitos desses Espíritos que solicitaram o reingresso no corpo de carne para descansar já estão por aqui, porque existe muita gente "à toa na vida vendo a banda passar".

Allan Kardec alinha o seu raciocínio de forma magistral quando fala da *Comunicabilidade dos Espíritos*, e da forte reação que tal fato provoca em líderes religiosos de seitas dogmáticas. Eis, então, a lógica insofismável do ínclito Mestre Lionês quando ele analisa as "anêmicas" e infundadas argumentações desses líderes *espiritofóbicos*, (permitam-me o neologismo) mostrando-lhes a incoerência em que se locupletam e que sempre começam por dizer que Moisés proibiu a mediunidade, esquecendo-se, (de propósito), que existem duas partes distintas na lei de Moisés: a Lei de Deus propriamente dita, promulgada no Monte Sinai, (por sinal através de um fenômeno mediúnico de pirografia), e a lei civil ou disciplinar, apropriada aos costumes e caráter do povo. A primeira, (a Lei de Deus), é invariável, ao passo que a outra (a lei civil), se modifica com o tempo... A proibição de se comunicar com os "mortos" é do âmbito desta última, já revogada pelo próprio Moisés, quando em sua luminosa aparição junto com Elias no Monte Tabor, ante o assombro de Pedro, Tiago e João, testemunhas oculares do fato, conversou com Jesus, sobre os Seus últimos momentos no planeta e coroamento de Sua missão junto a nós, inaugurando, assim a era da mediunidade.

Sigamos, então o raciocínio do incomparável Mestre Lionês[55]:

"(...) Se Moisés proibiu evocar os mortos, é que estes podiam

---

55 - KARDEC, Allan. *O Céu e o Inferno.* 51. ed. Rio [de Janeiro]: 2003, 1ª parte, cap. 11.

vir, pois do contrário inútil fora a proibição. Ora, se os mortos podiam vir naqueles tempos, também o podem hoje; e se são Espíritos de mortos os que vêm, não são exclusivamente demônios. Demais, Moisés de modo algum fala nesses últimos.

É duplo, portanto, o motivo pelo qual não se pode aceitar logicamente a autoridade de Moisés na espécie, a saber: primeiro, porque a sua lei não rege o Cristianismo; e, segundo, porque é imprópria aos costumes da nossa época. Mas, suponhamos que essa lei tem a plenitude da autoridade por alguns outorgada, e ainda assim ela não poderá, como vimos, aplicar-se ao Espiritismo. É verdade que a proibição de Moisés abrange a interrogação dos mortos, porém de modo secundário, como acessória às práticas da feitiçaria. O próprio vocábulo interrogação, junto aos de adivinho prova que entre os hebreus as evocações eram um meio de adivinhar; entretanto, os espíritas só evocam mortos para receber sábios conselhos e obter alívio em favor dos que sofrem, nunca para conseguir revelações ilícitas. Certo, se os hebreus usassem das comunicações como fazem os espíritas, longe de proibi-las, Moisés acoroçoá-las-ia, porque o seu povo só teria que lucrar.

A evocação, dizem, é uma falta de consideração para com os mortos, cujas cinzas devem ser respeitadas. Mas quem é que diz tal?! São os antagonistas de dois campos opostos, isto é, os incrédulos que nas almas não creem, e os crédulos que pretendem que só os demônios, e não as almas podem vir.

Quando a evocação é feita com recolhimento e religiosamente; quando os Espíritos são chamados, não por curiosidade, mas por um sentimento de afeição e simpatia, com desejo sincero de instrução e progresso, não vemos nada de irreverente em apelar-se para as pessoas mortas, como se fizera com os vivos. Há, contudo, uma outra resposta peremptória a essa objeção, e é que os Espíritos se apresentam espontaneamente, sem constrangimento, muitas vezes mesmo sem que sejam chamados. Eles também dão testemunho da satisfação que experimentam por comunicar-se com os homens, e queixam-se às vezes do esquecimento em que os deixam. Se os Espíritos se perturbassem ou se agastassem com os nossos chamados, certo o diriam e não retornariam.

Ainda uma outra razão é alegada: as almas permanecem na morada que a justiça divina lhes designa — o que equivale dizer no Céu ou no Inferno. Assim, as que estão no Inferno, de lá não podem sair, posto que para tanto a mais ampla liberdade seja outorgada aos demônios. As do Céu, inteiramente entregues à sua beatitude, estão muito superiores aos mortais para deles se ocuparem, e são suficientemente felizes para não voltarem a esta Terra de misérias, no interesse de parentes e amigos que aqui deixassem. Então é o caso de dizer: se as almas não podem vir, não há de que recear pela perturbação do seu repouso. Mas aqui reponta uma outra dificuldade: se as almas bem-aventuradas não podem deixar a mansão gloriosa para socorrer os mortais, por que invoca a Igreja a assistência dos santos que devem fruir ainda maior soma de beatitude?! Por que aconselha invocá-los em casos de moléstia, de aflição, de flagelos?

Que os cépticos neguem a manifestação das almas, vá, visto que nelas não acreditam; mas o que se torna estranhável é ver encarniçar-se contra os meios de provar a sua existência, esforçando-se por demonstrar a impossibilidade desses meios, aqueles mesmos cujas crenças repousam na existência e no futuro das almas! Parece que seria mais natural acolherem como benefício da Providência os meios de confundir os cépticos com provas irrecusáveis, pois que são os negadores da própria religião. Os que têm interesse na existência da alma deploram constantemente a avalancha da incredulidade que invade, dizimando-o, o rebanho de fiéis. Entretanto, quando se lhes apresenta o meio mais poderoso de combatê-la, recusam-no com tanta ou mais obstinação que os próprios incrédulos. Depois, quando as provas avultam de modo a não deixar dúvidas, eis que procuram como recurso de supremo argumento a interdição do assunto, buscando, para justificá-la, um artigo da Lei Mosaica do qual ninguém cogitara, emprestando-lhe, à força, um sentido e aplicação inexistentes. E tão felizes se julgam com a descoberta, que não percebem que esse artigo é ainda uma justificativa da Doutrina Espírita.

Todas as razões alegadas para condenar as relações com os Espíritos não resistem a um exame sério. Pelo ardor com que se combate nesse sentido é fácil deduzir o grande interesse ligado ao assunto. Daí a insistência. Em vendo esta cruzada de todos os cultos contra as manifestações, dir-se-ia que delas se atemorizam.

O verdadeiro motivo poderia bem ser o receio de que os Espíritos muito esclarecidos viessem instruir os homens sobre pontos que se pretende obscurecer, dando-lhes conhecimento, ao mesmo tempo, da certeza de um outro mundo, a par das verdadeiras condições para nele serem felizes ou desgraçados.

O culto que estiver com a verdade absoluta nada terá que temer da luz, pois a luz faz brilhar a verdade e o demônio nada pode contra esta.

30

O VERDADEIRO CARÁTER DO ESPIRITISMO

Allan Kardec[56]

O Espiritismo é a ciência nova que vem revelar aos homens, por meio de provas irrecusáveis, a existência e a natureza do mundo espiritual e as suas relações com o mundo corpóreo. Ele no-lo mostra, não mais como coisa sobrenatural, porém, ao contrário, como uma das forças vivas e sem cessar atuantes da Natureza, como a fonte de uma imensidade de fenômenos até hoje incompreendidos e, por isso, relegados para o domino do fantástico e do maravilhoso. É a essas relações que o Cristo alude em muitas circunstâncias e daí vem que muito do que ele disse permaneceu ininteligível ou falsamente interpretado. O Espiritismo é a chave com o auxílio da qual tudo se explica de modo fácil.

O Espiritismo não é uma concepção individual, um produto da imaginação; não é uma teoria, um sistema inventado para a necessidade de uma causa; tem sua fonte nos fatos da própria Natureza, em fatos positivos, que se produzem a cada instante sob os nossos olhos, mas cuja origem não se suspeitava. É, pois, resultado da observação; numa palavra, uma ciência: a ciência das relações entre o mundo visível e o mundo invisível; ciência ainda imperfeita, mas que se completa todos os dias por novos estudos e que, tende certeza, ocupará o seu lugar ao lado das ciências *positivas.* Digo *positivas* porque toda ciência que repousa sobre fatos é uma ciência positiva, e não puramente especulativa.

O Espiritismo nada inventou, porque não se inventa o que está em a Natureza. Newton não inventou a lei da gravitação; esta lei

---

56 - KARDEC, Allan. *O Evangelho Seg. o Espiritismo.* 121. ed. Rio [de Janeiro]: FEB, 2003, cap. I, item 5 e *Viagem espírita em 1862.* Rio [de Janeiro]: FEB, 2005, p.p. 243-249.

universal existia antes dele. Cada um a aplicava e lhe sentia os efeitos, embora não a conhecessem.

O Espiritismo, por sua vez, vem mostrar uma nova lei, uma nova força da Natureza: a que reside na ação do Espírito sobre a matéria, lei tão universal quanto a da gravitação e da eletricidade, conquanto ainda desconhecida e negada por certas pessoas, como o foram todas as outras leis na época de suas descobertas. É que os homens geralmente têm dificuldade em renunciar às suas ideias preconcebidas e, por amor-próprio, custa-lhes reconhecer que estavam enganados, ou que outros tenham podido encontrar o que eles mesmos não encontraram.

Mas, em última análise, como esta lei repousa sobre fatos, e contra os fatos não há negação que possa prevalecer, terão de render-se à evidência, como os mais recalcitrantes o fizeram quanto ao movimento da Terra, à formação do globo e aos efeitos do vapor. Por mais que acusem os fenômenos de ridículos, não podem impedir a existência daquilo que é.

Assim, o Espiritismo procurou a explicação dos fenômenos de uma certa ordem e que, em todos os tempos, se produziram de maneira espontânea. Mas, sobretudo, o que o favoreceu nessas pesquisas é que lhe foi dado, até certo ponto, o poder de produzi-los e de provocá-los. Encontrou nos médiuns instrumentos adequados a tal efeito, como o físico encontrou na pilha e na máquina elétrica os meios de reproduzir os efeitos do raio. É fácil compreender que isto não passa de uma comparação; não pretendo estabelecer uma analogia, mas há aqui uma consideração de alta importância: é que, em suas pesquisas, ele não procedeu por via de hipóteses, como o acusam; não supôs a existência do mundo espiritual para explicar os fenômenos que tinha sob as vistas; procedeu por meio da análise e da observação; dos fatos remontou à causa e o elemento espiritual se lhe apresentou como força ativa; só o proclamou depois de havê-lo constatado.

Como força e como lei da Natureza, a ação do elemento espiritual abre, assim, novos horizontes à Ciência, dando-lhe a chave de uma imensidão de problemas incompreendidos. Mas, se a descoberta de leis puramente materiais produziu revoluções materiais no mundo, a do elemento espiritual nele prepara uma revolução moral, pois muda totalmente o curso das ideias e das crenças mais arraigadas; mostra a vida sob outro aspecto; mata a superstição e o fanatismo; desenvolve o pensamento, e o homem, em vez de arrastar-se na matéria, de circunscrever sua vida entre o nascimento e a morte, eleva-se ao infinito; sabe donde vem e para onde vai; vê um objetivo para o seu trabalho, para os seus esforços, uma razão de ser para o bem; sabe que nada do que adquire na Terra, em saber e moralidade, lhe é perdido, e que seu progresso continua indefinidamente no além-túmulo; sabe que há sempre um futuro para si, sejam quais forem a insuficiência e a brevidade da existência presente, ao passo que a ideia materialista, circunscrevendo a vida à existência atual, dá-lhe como perspectiva o nada, que não tem por compensação sequer a duração, que ninguém pode aumentar à vontade, já que podemos cair amanhã, em uma hora, e então o fruto dos nossos labores, de nossas vigílias, dos conhecimentos adquiridos estarão para nós perdidos para sempre, muitas vezes sem termos tido tempo de desfrutá-los.

O Espiritismo ao demonstrar, não por hipótese, mas por fatos, a existência do mundo invisível e o futuro que nos aguarda, muda completamente o curso das ideias; dá ao homem a força moral, a coragem e a resignação, porque não mais trabalha apenas pelo presente, mas pelo futuro; sabe que se não gozar hoje, gozará amanhã. Demonstrando a ação do elemento espiritual sobre o mundo material, amplia o domínio da Ciência e, por isso mesmo, abre nova via ao progresso material. Então terá o homem uma base sólida para o estabelecimento da ordem moral na Terra; compreenderá melhor a solidariedade que existe entre os seres deste mundo, já que esta solidariedade se perpetua indefinidamente; a fraternidade deixa de ser palavra vã; ela mata o egoísmo, em vez de por ele ser morta e, muito naturalmente, o homem imbuído destas ideias a elas conformará suas leis e suas instituições sociais.

O Espiritismo conduz inevitavelmente a esta reforma. Assim, pela força das coisas, realizar-se-á a revolução moral que deve transformar a Humanidade e mudar a face do mundo, e isto tão só pelo conhecimento de uma nova lei da Natureza, que dá outro curso às ideias, uma finalidade a esta vida, um objetivo às aspirações do futuro, fazendo encarar as coisas de outro ponto de vista.

Se os detratores do Espiritismo — falo dos que militam pelo progresso social, dos escritores que pregam a emancipação dos povos, a liberdade, a fraternidade e a reforma dos abusos — conhecessem as verdadeiras tendências do Espiritismo, seu alcance e seus inevitáveis resultados, em vez de ridicularizá-lo, como fazem, de interpor incessantemente obstáculos no seu caminho, nele vissem a mais poderosa alavanca para chegar à destruição dos abusos que combatem, em vez de lhe serem hostis, o aclamariam como um socorro providencial. Infelizmente, na sua maioria, creem mais em si do que na Providência. Mas a alavanca age sem eles e a despeito deles, e a força irresistível do Espiritismo será tanto mais bem constatada quanto mais ele tiver de combater. Um dia dirão deles o que não será para a sua glória, o que eles próprios dizem dos que combateram o movimento da Terra e dos que negaram a força do vapor. Todas as negações, todas as perseguições não impediram que estas leis naturais seguissem seu curso, assim como os sarcasmos da incredulidade não impedirão a ação do elemento espiritual, que é, também, uma lei da Natureza.

Considerado desta maneira, o Espiritismo perde o caráter de misticismo que lhe censuram os detratores, justamente aqueles que menos o conhecem. Não é mais a ciência do maravilhoso e do sobrenatural ressuscitada: é o domínio da natureza enriquecida por uma lei nova e fecunda, uma prova a mais do poder e da sabedoria do Criador; são, enfim, os limites recuados dos conhecimentos humanos.

Tal é, em resumo, senhores, o ponto de vista sob o qual se deve encarar o Espiritismo. Nesta circunstância, qual foi o meu papel? Nem o de inventor, nem o de criador. Vi, observei, estudei os fatos com cuidado e perseverança; coordenei-os e lhes deduzi as consequências: eis toda a parte que me cabe. Aquilo que fiz, outro poderia ter feito em meu lugar. Em tudo isso fui simples instrumento dos pontos de vista da Providência, e dou graças a Deus e aos bons Espíritos por se terem dignado servir-se de mim. É uma tarefa que aceitei com alegria, e da qual me esforcei por tornar-me digno, pedindo a Deus me desse as forças necessárias para realizá-la segundo a Sua santa vontade. No entanto, a tarefa é pesada, mais pesada do que possam imaginá-la; e, se tem para mim algum mérito, é que tenho a consciência de não haver recuado perante nenhum obstáculo e nenhum sacrifício.

Sempre afirmei que do Espiritismo eu não era senão o representante. Na verdade, vendo a rapidez dos seus progressos, haveria mais glória em dizer-me seu criador; meu amor-próprio aí encontraria o seu salário; mas não devo fazer minha parte maior do que ela é; longe de lamentá-lo, eu me felicito, porque, então, a Doutrina não passaria de uma concepção individual, que poderia ser mais ou menos justa, mais ou menos engenhosa, mas que, por isso mesmo, perderia sua autoridade. Poderia ter partidários, talvez fizesse escola, como muitas outras, mas certamente não teria adquirido, em alguns anos, o caráter de universalidade que a distingue.

O Espiritismo será a obra da minha vida até meu último dia, porque, na presença de um objetivo tão importante, todos os interesses materiais e pessoais se apagam como pontos diante do Infinito.

31
DIMENSÕES SOCIOEXISTENCIAIS

Como dissemos na introdução deste livro, em sã consciência, ninguém mais pode negar os fenômenos paranormais. Eles acontecem hoje, abundantemente, como sempre aconteceram em toda a história da Humanidade...

Em artigo republicado na *Revista Internacional do Espiritismo* do mês de julho de 2006, Geremias Rodrigues Villela, profundo estudioso do tema, explica com peregrina clareza que "a individualidade espiritual do homem vivencia suas experiências em dois planos existenciais: o plano existencial físico ou corporal e o extrafísico ou espiritual.

No primeiro, ela representa o Espírito encarnado ou a alma humana, que interage com o meio ambiente através o corpo físico, adquirindo as experiências, cujas representações mentais constituirão o acervo de conteúdos da personalidade humana.

No plano existencial extrafísico ou espiritual, a Individualidade espiritual vivência suas experiências, interagindo com o meio extrafísico por meio da estrutura biológica perispiritual. É o plano para o qual o Homem se transfere após a morte do corpo físico.

No plano existencial corporal, a alma humana estabelece interações com o meio ambiente, através das atividades sensoriais. Entretanto, por meio das atividades extrassensoriais, caracterizando funções que transcendem ao habitual da fenomenologia psicológica do Homem, encontramos na mente humana, em graus variáveis de evolução, conteúdos que se manifestam no âmbito do inabitual, portanto parapsicológico. Através destes conteúdos mentais, o Homem estabelece interações parapsicológicas com aqueles que fazem parte do seu ambiente físico e com todos aqueles do plano extrafísico que haja identificações em determinados aspectos comportamentais. Essa interação parapsicológica é de grande significado para o desenvolvimento e funcionamento da mente humana. Assim, o Homem vivencia suas experiências estabelecendo interações altamente significativas com uma dupla sociedade: física e extrafísica, corporal e espiritual".

Num outro artigo, publicado na revista *Presença Espírita* de setembro/outubro de 2007, intitulado *De Fantasmas Inconsequentes a Espíritos Conscientes* o confrade Edilton C. Silva vem nos lembrar que "os Espíritos nada mais são do que criação de Deus e as comunicações entre o mundo espiritual, invisível, e o mundo material, visível, evidente aos sentidos humanos comuns, sempre se deram nas mais diversas épocas e lugares...

Apesar desta constatação milenar, em muitas épocas e culturas, a humanidade historicamente preferiu fechar os canais de comunicação com os seres do plano extrafísico. Os motivos foram os mais variados, e as justificativas, frequentemente insensatas e, por extensão, destituídas de sentido. Para tentar o êxito neste objetivo, as estratégias se multiplicaram ao longo do tempo, variando entre a indiferença, ignorando os fatos, ou objeções sistemáticas com argumentos insustentáveis até a criação de leis absurdas, para inibir com rigor o desempenho dos medianeiros da fenomenologia.

Entre os extremos que faziam parte do jogo das aparências do chamado mundo civilizado, toda uma gama de superstições e lendas as mais esdrúxulas criaram a figura dos fantasmas para apavorar as mentes infantis, mesmo que, não raro, em corpos de adultos. Para os galhofeiros e gozadores, as histórias contadas eram motivo de riso, de zombarias e ridículo...

Quando, em meados do século 19, Allan Kardec foi convidado para assistir às manifestações das *danças das mesas* ou das *mesas girantes,* os frequentadores dos salões parisienses se divertiam com o "espetáculo".

Com muito siso e pouco riso, ele procurou entender, através de questões lógicas, o mecanismo que provocava a movimentação das mesas sem a participação de qualquer força humana identificável. A seriedade com que considerou e estudou a fenomenologia abriu janelas significativas para o mundo invisível, revelando parte dos seus enigmas. Todavia, nada foi fácil para ele neste campo...

Do mesmo modo que Galvani foi ridiculizado pelos sábios de seu tempo quando apresentou a experiência da famosa "dança das rãs", da qual se derivaram os estudos pioneiros sobre a eletricidade e o magnetismo, Kardec foi vítima de zombarias e de desprezo dos homens de ciência pelo estudo que fazia da 'dança das mesas', que deu origem a nada mais nada menos do que o *O Livro dos Espíritos* e a todas as demais obras da Codificação Espírita, Doutrina revolucionária no século 19 e, certamente, em todos os tempos, simplesmente pela confirmação que nos oferece a respeito da vida no plano espiritual e da comunicação, não só possível, porém real e constante entre os dois mundos.

Onde estão agora os fantasmas?! De personagens para divertir e assustar passaram, graças a Allan Kardec, à condição de criaturas humanas despojadas do corpo carnal mantendo, contudo a inteligência e os sentimentos vivos e ativos num vivência interexistencial conosco, no plano material, em muitos casos coparticipando dos nossos interesses e nos influenciando nas lides cotidianas.

Se os fantasmas foram frutos da imaginação pueril, sem objetivos nem compromissos respeitáveis, os Espíritos somos nós mesmos despidos do corpo físico, fazendo parte da vida e da corrente do progresso que interliga o alfa ao ômega infinito e universal.

A morte, que antes apresentava sólida e intransponível barreira entre os dois mundos, e a fantasia macabra com a qual os habitantes do mundo invisível nos eram apresentados, ficaram completamente obsoletas, graças ao trabalho pioneiro desse garimpeiro do além que foi Allan Kardec. Com os esclarecimentos fornecidos pela obra por ele codificada — a Doutrina Espírita — podemos hoje ter conversas tranquilas e instrutivas com familiares, amigos e orientadores desencarnados que nos ajudam a enfrentar os desafios do mundo terreno.

Allan Kardec e o Espiritismo deixaram para trás a morte e os fantasmas, e nos colocaram em conexão permanente com a vida e com os Espíritos conscientes".

32

RESUMO DA LEI DOS FENÔMENOS ESPÍRITAS

Allan Kardec[57]

Qualquer pessoa pode constatar a realidade dos fenômenos espíritas desde que se coloque nas condições ideais e se levar às observações dos fatos a paciência, a perseverança e a imparcialidade necessárias.

As pessoas estranhas ao Espiritismo não lhe compreendendo nem os objetivos nem os meios, quase sempre fazem dele uma ideia completamente falsa. O que lhes falta, sobretudo, é o conhecimento do princípio, a chave primeira dos fenômenos; na falta disso, o que veem e o que ouvem é sem proveito, e mesmo sem interesse, para elas. Há um fato adquirido pela experiência: é que só a visão ou o relato dos fenômenos não basta para convencer. Aquele mesmo que é testemunha de fatos capazes de confundi-lo, fica mais espantado do que convencido; quanto mais o efeito lhe parece extraordinário, mais suspeita surge. Um estudo preliminar sério é o único meio de conduzir à convicção. Frequentemente, mesmo ele basta para mudar inteiramente o curso das ideias. Em todos os casos, ele é indispensável para a compreensão dos fenômenos mais simples. À falta de uma instrução completa, que não pode ser dada em algumas palavras, eis um resumo sucinto da lei que rege as manifestações:

1. O Espiritismo é, ao mesmo tempo, uma ciência de observação e uma Doutrina filosófica. Como ciência prática, consiste nas relações que se podem estabelecer com os Espíritos; como filosofia, compreende todas as consequências morais que decorrem dessas relações.

---

57 - KARDEC, Allan. *Revue Spirite. Abril de 1864.* Araras: IDE, 2000, p.p. 106-113.

2. Os Espíritos não são, como se pensa frequentemente, seres à parte na criação; são as almas daqueles que viveram sobre a Terra ou em outros mundos. As almas ou Espíritos são, pois, uma só e mesma coisa; de onde se segue que quem crê na existência da alma, crê, por isso mesmo, na dos Espíritos.

3. Geralmente, faz-se uma ideia muito falsa do estado dos Espíritos. Estes não são — como alguns o creem — seres vagos e indefinidos, nem chamas como os fogos fátuos, nem fantasmas como nos contos de assombrações: São seres semelhantes a nós, tendo um corpo como o nosso, mas fluídico e invisível no estado normal.

4. Quando a alma está unida ao corpo durante a vida, ela tem um duplo envoltório: um pesado, grosseiro e destrutível que é o corpo físico e o outro, fluídico, leve e indestrutível, chamado *perispírito*[58]. O perispírito é o laço que une a alma e o corpo; é por seu intermédio que a alma faz o corpo agir, e que percebe as sensações sentidas pelo corpo.

5. A morte não é senão a destruição do envoltório grosseiro; a alma abandona esse envoltório, como se despe de uma roupa usada, ou como a borboleta deixa a sua crisálida; mas ela conserva o seu corpo fluídico ou perispírito. A união da alma, do perispírito e do corpo material constitui *o homem;* a alma e o perispírito separados do corpo constituem o ser chamado *Espírito.*

6. A morte do corpo livra o Espírito do envoltório que o prendia à Terra e o fazia sofrer; uma vez livre desse fardo, não há mais do que seu corpo etéreo, que lhe permite percorrer o espaço e transpor as distâncias com a rapidez do pensamento.

---

58 - Vide capítulo 27.

7. O fluido que compõe o perispírito penetra todos os corpos, e os atravessa como a luz atravessa os corpos transparentes; nenhuma matéria lhe faz obstáculo. É por isso que os Espíritos penetram por toda a parte, até mesmo nos lugares mais hermeticamente fechados; é uma ideia ridícula crer que se introduzem por uma pequena abertura, como o buraco de uma fechadura ou o tubo da chaminé. Os Espíritos povoam o espaço; constituem o mundo invisível que nos cerca, no meio do qual vivemos, e com o qual, sem cessar, estamos em contato.

8. Os Espíritos têm todas as percepções que tinham sobre a Terra, mas em um grau mais alto, porque as suas faculdades não são amortecidas pela matéria; têm sensações que nos são desconhecidas; veem e ouvem coisas que os nossos sentidos limitados não permitem nem ver nem ouvir. Para eles não há obscuridade, salvo aqueles cuja punição é estar temporariamente nas trevas. Todos os nossos pensamentos repercutem neles, e os leem como num livro aberto.

9. Os Espíritos conservam as afeições sérias que tinham sobre a Terra; se comprazem em retornar àqueles que amaram, sobretudo quando a eles são atraídos pelo pensamento e pelos sentimentos que lhes têm, ao passo que são indiferentes por aqueles que não têm senão da indiferença.

10. Os Espíritos podem se manifestar de muitas maneiras diferentes: pela visão, pela audição, pelo toque, pelos ruídos, ou movimento dos corpos, a escrita, o desenho, a música, etc. Eles se manifestam por intermédio de pessoas dotadas de uma aptidão especial para cada gênero de manifestação, e que se distinguem sob o nome de médiuns.

11. O perispírito, embora invisível para nós no estado normal, por isso não é menos matéria etérea. O Espírito pode, em certos casos, fazê-lo sofrer uma espécie de modificação celular que o torna visível e mesmo tangível; é assim que se produzem as aparições. Esse fenômeno não é mais extraordinário do que aquele do vapor que é invisível quando é muito rarefeito, e que se torna visível quando está condensado.

12. É com ajuda de seu perispírito que o Espírito atua sobre o seu corpo vivo; é ainda com esse mesmo fluido que se manifesta agindo sobre a matéria inerte, que produz os ruídos, os movimentos das mesas e outros objetos que levanta, tomba ou transporta. Esse fenômeno nada tem de surpreendente, considerando-se que, entre nós, os mais possantes motores se acham nos fluidos mais rarefeitos e mesmo imponderáveis, como o ar, o vapor e a eletricidade.

É igualmente com a ajuda de seu perispírito que o Espírito faz os médiuns escreverem, falarem ou desenharem; não tendo corpo tangível para agir ostensivamente quando quer se manifestar, vale-se do corpo do médium, de cujos órgãos se apodera, que faz agir como se fosse seu próprio corpo, e isso pelo eflúvio fluídico que derrama sobre ele.

13. É pelo mesmo meio que o Espírito age sobre a mesa, seja para fazê-la mover-se sem significação determinada, seja para fazê-la bater golpes inteligentes indicando as letras do alfabeto, para formar as palavras e as frases, fenômeno designado sob o nome de *tiptologia*. A mesa não é aqui senão um instrumento do qual se serve, como o faz do lápis para escrever; dá-lhe uma vitalidade momentânea pelo fluido do qual a penetra, mas não se identifica com ela, como se o Espírito estivesse encerrado na madeira, e como se a madeira tivesse se tornado Espírito. Quando as comuni-

cações ocorrem por esse meio, é preciso se representar o Espírito, não na mesa, mas ao lado, tal qual era quando vivo, e tal qual seria visto se, nesse momento, pudesse se tornar visível. A mesma coisa ocorre nas comunicações pela escrita; ver-se-ia o Espírito ao lado do médium, dirigindo a sua mão, ou transmitindo-lhe o seu pensamento por uma corrente fluídica.

Quando a mesa se destaca do solo e flutua no espaço sem ponto de apoio, o Espírito não a ergue com a força de seu braço, mas a envolve e a penetra de uma espécie de atmosfera fluídica que neutraliza o efeito da gravidade, como o faz o ar para os balões e os papagaios de papel. O fluido com a qual ela está penetrada lhe dá, momentaneamente, uma leveza específica maior. Quando ela está pregada ao solo, está num caso análogo ao da campânula pneumática sob a qual se faz o vácuo. Estas não são aqui senão comparações, para mostrar a analogia dos efeitos, e não a semelhança absoluta das causas.

Compreende-se, segundo isso, que não é mais difícil ao Espírito levantar uma pessoa do que levantar uma mesa, de transportar um objeto de um lugar a um outro, ou de lançá-lo em qualquer parte; esses fenômenos se produzem pela mesma lei. Quando pancadas se fazem ouvir na mesa ou noutra parte, o Espírito não bate nem com sua mão, nem com um objeto qualquer; ele dirige sobre o ponto de onde parte o ruído um jato de fluido que produz o efeito de um choque elétrico. Ele modifica, como se podem modificar os sons produzidos pelo ar.

14. Pode-se ver, por estas poucas palavras, que as manifestações espíritas — de qualquer natureza que sejam — não têm nada de sobrenatural nem de maravilhoso! Esses são fenômenos que se produzem em virtude da lei que rege as relações do mundo visível e do mundo invisível, lei toda tão natural quanto as da eletricidade, da gravidade, etc. O Espiritismo é a ciência que nos faz conhecer

essa lei, como a mecânica nos faz conhecer a lei do movimento, a ótica a da luz. Estando as manifestações espíritas na Natureza, produziram-se em todas as épocas; sendo conhecida a lei que as rege, explica-nos uma multidão de problemas considerados como insolúveis; é a chave de uma multidão de fenômenos explorados e ampliados pela superstição.

15. Estando o maravilhoso completamente descartado, esses fenômenos nada têm mais que repugne a razão, porque vêm tomar lugar ao lado dos outros fenômenos naturais. Nos tempos de ignorância, todos os efeitos dos quais não se conhecia a causa eram reputados sobrenaturais; as descobertas da ciência restringiram sucessivamente o círculo do maravilhoso; o conhecimento dessa nova lei veio reduzi-lo a nada. Aqueles, pois, que acusam o Espiritismo de ressuscitar o maravilhoso, provam — por isso mesmo —, que falam de uma coisa que não conhecem.

16. Uma ideia quase geral entre as pessoas que não conhecem o Espiritismo é de crer que os Espíritos, só pelo fato de estarem livres da matéria, devem tudo saber e possuir a soberana sabedoria. Está aí um erro grave. Deixando o seu envoltório corpóreo, eles não se despojam imediatamente de suas imperfeições; não é senão com o tempo que se depuram e se melhoram. Sendo os Espíritos as almas dos homens, como há homens de todos os graus de saber e de ignorância, de bondade e de maldade, encontra-se a mesma coisa entre os Espíritos. Há deles que não são senão levianos e traquinas, outros são mentirosos, velhacos, hipócritas, maus, vingativos; outros, ao contrário, possuem as mais sublimes virtudes e o saber num grau desconhecido sobre a Terra. Essa diversidade na qualidade dos Espíritos é um dos pontos mais importantes a considerar, porque explica a natureza boa ou má das comunicações que se recebem; é a distingui-las que é

preciso, sobretudo, se empenhar. Disso resulta que não basta se dirigir a um Espírito qualquer para ter uma resposta justa a toda pergunta; porque o Espírito responderá segundo o que sabe, e, frequentemente, não dará senão a sua opinião pessoal, que pode ser justa ou falsa. Se for sábio, confessará a sua ignorância sobre o que não sabe; se for leviano ou mentiroso, responderá sobre tudo sem se importar com a verdade; dará sua ideia como uma verdade absoluta. Foi por isso que João, o evangelista, disse: "Não creiais em todo Espírito, mas experimentai se os Espíritos são de Deus." A experiência prova a sabedoria deste conselho. Haveria, pois, imprudência e leviandade em aceitar sem controle tudo o que vem dos Espíritos. Os Espíritos não podem responder senão sobre aquilo que sabem, e, além disso, sobre o que lhes é permitido dizer, porque há coisas que não devem revelar, porque não é dado ainda aos homens tudo conhecerem.

17. Reconhece-se a qualidade dos Espíritos pela sua linguagem... A dos Espíritos verdadeiramente bons e superiores é sempre digna, nobre, lógica, isenta de toda trivialidade, puerilidade ou contradição; ela respira a sabedoria, a benevolência e a modéstia; é concisa e sem palavras inúteis. A dos Espíritos inferiores, ignorantes ou orgulhosos carece dessas qualidades; o vazio das ideias nela é quase sempre compensado pela abundância das palavras.

18. Um outro ponto igualmente essencial a considerar é que os Espíritos são livres; comunicam-se quando querem a quem lhes convém, e também quando o podem, porque têm as suas ocupações. Não estão às ordens e ao capricho de quem quer que seja, e não é dado a ninguém fazê-los vir contra a sua vontade, nem fazê-los dizer o que querem calar; de sorte que ninguém pode afirmar que um Espírito qualquer virá ao seu chamado num momento determinado, ou responderá a tal ou a tal questão. Dizer o contrário

é provar ignorância absoluta dos princípios mais elementares do Espiritismo; só o charlatanismo tem fontes infalíveis.

Os Espíritos são atraídos pela simpatia, pela semelhança dos gostos e dos caracteres, a intenção que faz desejar sua presença. Os Espíritos superiores não vão mais às reuniões fúteis do que um sábio da Terra não iria a uma assembleia de jovens estouvados. O simples bom senso nos diz que isso não pode ser de outro modo; ou, se ali vão algumas vezes, é para dar um conselho salutar, combater os vícios, tratar de conduzir no bom caminho; se não são escutados, retiram-se.

19. Do que precede, resulta que toda reunião espírita, para ser proveitosa, deve, como primeira condição, ser séria e recolhida; que tudo nela deve se passar respeitosamente, religiosamente, e com dignidade. Em vão alegue-se a utilidade de certas experiências curiosas, frívolas e divertidas para convencer os incrédulos: é a um resultado todo oposto que se chega. O incrédulo, já levado a zombar das crenças mais sagradas, não pode ver uma coisa séria naquilo que se faz um gracejo; não pode ser levado a respeitar o que não lhe é apresentado de maneira respeitável; também as reuniões fúteis e levianas, daquelas onde não há nem ordem, nem seriedade, nem recolhimento, ele leva sempre uma impressão má. O que pode, sobretudo convencê-lo, é a prova da presença de seres cuja memória lhe é cara; é diante de suas palavras sérias e solenes, é diante das revelações íntimas que se o vê comover-se e empalidecer. Mas é por isso mesmo que ele tem mais respeito, veneração, apego para a pessoa cuja alma se lhe apresenta, fica chocado, escandalizado de vê-la vir a uma assembleia sem respeito, num meio de mesas que dançam e das chocarrices dos Espíritos levianos; todo incrédulo que seja, sua consciência repele essa aliança do sério e do frívolo, do religioso e do profano, é por isso que ele tacha tudo isso de malabarismo, e, frequentemente, sai

menos convencido do que não estava ao entrar. As reuniões dessa natureza fazem sempre mais mal do que bem, porque afastam da Doutrina mais pessoas do que para ela não trazem, sem contar que elas oferecem flanco à crítica dos detratores que nelas encontram os motivos fundados de zombaria.

20. Essas explicações, sem dúvida, são muito incompletas, mas bastam para mostrar a base sobre a qual repousa o caráter das manifestações e grau de confiança que podem inspirar segundo as circunstâncias. Quanto à utilidade das manifestações, ela é imensa, por suas consequências; mas não tivessem por resultado senão de fazer conhecer uma nova lei da Natureza, de demonstrar materialmente a existência da Alma e sua Imortalidade, seria já muito, porque este seria um largo caminho aberto à filosofia.

33

PERANTE O FENÔMENO

Emmanuel [59]

Irmãos, não sejais meninos no entendimento...
Paulo. (I Cor., 14:20.)

No desenvolvimento das tarefas doutrinárias, colocar o fenômeno mediúnico em sua verdadeira posição de coadjuvante natural da convicção, considerando-o, porém, dispensável, na construção moral a que nos propomos.

A Doutrina Espírita é luz inalterável...

Conduzir as possibilidades de divulgação do Espiritismo, em qualquer setor, no trabalho da evangelização, conferindo-lhe preferência sobre a ação fenomenológica.

Ante os imperativos da responsabilidade moral, todo fenômeno é secundário.

Atingir outros estados de compreensão das verdades que nos enriquecem a fé, acatando as aspirações dos metapsiquistas, dos parapsicólogos e dos estudiosos acadêmicos em geral, sem, contudo, comprometer-se demasiado com os empreendimentos que lhes digam respeito.

Viver segundo o Evangelho — eis a nossa necessidade fundamental.

Jamais partilhar de assembleias espíritas visando unicamente a sucessos espetaculares. As manifestações mediúnicas não são a base essencial do Espiritismo.

Descentralizar a atenção das manifestações fenomênicas havidas em reuniões de que participe, para deter-se no sentido moral dos fatos e das lições.

Na mediunidade, o fenômeno constitui o envolvimento externo que reveste o fruto do ensinamento.

59 - VIEIRA, Waldo. *Conduta Espírita.* 6. ed. Rio [de Janeiro]: FEB, 1978, cap. 29.

34
FENÔMENO & DOUTRINA
Joanna de Ângelis [60]

Procura o Cristo vivo em qualquer escola de fé onde te encontres.

O essencial não é a adoção da crença pelas vantagens aparentes que ela oferece. É imprescindível estar ciente, por experiência pessoal, dos objetivos que a vitalizam.

A crença, nos moldes tradicionais, é rotulagem de fé. A ciência, pela participação ativa dos postulados, é comunhão com a fé. Por isso, é necessário demandar o fulcro do pensamento acolhedor da crença para certificar-se da sua legitimidade.

O crente é apenas um observador inoperante; o ciente é um realizador ativo: o primeiro produz para fora; guarda a compostura da face, liga-se às fórmulas, entusiasma-se com as exposições, colabora com migalhas, presta satisfação, agrada... O segundo realiza por dentro: Dispensa aparências, desdenha as rotinas, não valoriza hierarquias, raramente agrada, vive...

No primeiro empecilho, o crente queixa-se e foge, enquanto o ciente luta e sofre. O crente vence no mundo porque este a ele pertence. O ciente perde no mundo porque vence as convenções da superfície humana. Um faz-se triunfador, recebendo honrarias e destaque social, as homenagens vestem-no com os ouropéis da falsa superioridade e dão-lhe embalagem da santificação; o outro parece vencido, desinteressa-se das coisas vãs, vencendo-se, libertando-se... Ninguém lhe descobre o valor, no entanto, é nele que cantam as vozes da Mensagem Cristã, chamando-lhe a alma ansiosa e leal.

O exterior é fenômeno que passa; o interior e consistente, é doutrina que fica. Assim, não te preocupes, no Espiritismo, com o

---

60 - FRANCO, Divaldo. *Messe de amor.* 4. ed. Salvador: LEAL, 1984, cap. 22.

fenômeno da Mediunidade... Em todas as épocas da Humanidade, as vozes falaram de maneira inteligível e sábia, mas não se tem notícia de que os intermediários dessas vozes se entregaram desinteressadamente ao mister da própria elevação e da assistência fraterna dos demais, pois enquanto uns chamados de santos fugiam do mundo como se fossem bem-aventurados, silenciando a palavra, outros, conhecidos como magos se encastelavam no privilégio que a si se atribuíam e enlouqueciam, tomados pelas forças sedutoras da presunção. Somente alguns porfiaram até a morte, abafando as vozes ao crepitar das chamas que os consumiram, nas fogueiras tormentosas: foram os mártires.

Alguns corações que hoje buscam as sessões do Espiritismo prático identificam os Espíritos, beneficiam-se e passam, iludindo-se quanto ao porto final... Outros, irresponsáveis e fúteis, demoram-se nas pesquisas, desejando mais, sempre mais: creem agora, duvidam mais tarde; empolgam-se hoje, desinteressam-se amanhã...

Lembra-te do Espiritismo praticado e preocupa-te com o espírito da Doutrina: O fenômeno é meio, a Doutrina é fim; o fenômeno é informe, a Doutrina é esclarecimento; o fenômeno chama, a Doutrina conduz; o fenômeno é instrumento da Doutrina, a Doutrina é a vida do fenômeno; o fenômeno sem a Doutrina reduz-se a um amontoado de informações sem valor; a Doutrina sem o fenômeno permanece indestrutível como organismo poderoso de esclarecimento e de salvação.

O fenômeno precedeu a Doutrina e esta o superou!

Procura, assim, na Doutrina Espírita, o Cristo realizador e, ligando-te a Ele pela ciência da crença, prossegue infatigável no teu programa de aperfeiçoamento, esforçando-te pela redenção de todos.

Bibliografia consultada:

KARDEC, Allan. *O Livro dos Espíritos.* 83. ed. Rio [de Janeiro]: FEB, 2002, q. 919a.

KARDEC, Allan. *O Livro dos Médiuns.* 71. ed. Rio: FEB, 2003, 1ª parte, cap. II.

KARDEC, Allan. *O Evangelho Segundo o Espiritismo.* 121. ed. Rio: FEB, 2003, cap. I

KARDEC, Allan. *A Gênese.* 43. ed. Rio [de Janeiro]: FEB, 2003, cap. I.

KARDEC, Allan. *Obras Póstumas.* 25. ed. Rio [de Janeiro]: FEB, 1990, p. p. 265-271.

KARDEC, Allan. *Viagem espírita em 1862.* Rio de Janeiro: FEB, 2005, p.p. 243-249.

XAVIER, F. Cândido. *Mecanismos. da Mediunidade*. 4. ed.Rio: FEB, 1973, cap. 26.

XAVIER, F. Cândido. *Seara dos Médiuns*. 11. ed.Rio [de Janeiro]: FEB, 1998.

XAVIER, F. Cândido. *Roteiro.* 8. ed.Rio [de Janeiro]: FEB, 1989, cap. 24.

FRANCO, Divaldo. Luzes do Alvorecer. Salvador: LEAL, 2001, p.p. 91-94.

FRANCO, Divaldo. *Messe de amor.* 4. ed.Salvador: LEAL, 1984, cap. 22.

FRANCO, Divaldo. *Nas fronteiras da loucura.* Salvador: LEAL, 1982, p.118.

FRANCO, Divaldo. *Páginas elucidativas.* 3. ed. Araguari: Minas Ed., 2006, cap. 17.

DELANE, Gabriel. *O Fenômeno Espírita*. Rio [de Janeiro]: FEB, 1988. p.p.17-19

DOYLE, Arthur Conan. *História do Espiritismo*. São Paulo: Ed. Pensamento

DENIS, Léon. *No invisível.* 19. ed. Rio [de Janeiro]: FEB, 2000.

TEIXEIRA, Raul. *Em Serviço Mediúnico.* Niterói: FRÁTER, 1996, cap. 28.

GODOY, Paulo Alves. *Crônicas evangélicas.* 4. ed. São Paulo: FEESP, 2001, cap. II.

PIRES, Herculano. *O Infinito e o finito.* S.B. Campo: C.F. do ABC, 1983. pp.92 a 97.

BACCELLI, C. A. *No mundo da Mediunidade.*, 2. ed. Uberaba: LEEPP, 2002.

VIEIRA, Waldo. *Conduta Espírita.* 6. ed. Rio [de Janeiro]: FEB, 1978, cap. 29.

Revista Espírita Española *Gran Corazón,* nº 14, de septiembre de 1997. Murcía.

Revista *O Reformador.* Artigo publicado em março de 2003.

Revista *Presença Espírita*. Artigo publicado em agosto de 2001.